U0869560

每代人都要走好
自己的长征路。

——习近平

长征精神代代传丛书

成功的基石

陈虎山　编著

时代出版传媒股份有限公司
安徽教育出版社

图书在版编目（CIP）数据

成功的基石 / 陈虎山编著. —合肥：
安徽教育出版社，2016
（长征精神代代传丛书 / 朱贵平主编）
ISBN 978-7-5336-8424-2

Ⅰ.①成… Ⅱ.①陈… Ⅲ.①中国工农红军长征—青少年读物 Ⅳ.①K264.409

中国版本图书馆 CIP 数据核字（2016）第 236743 号

成功的基石
CHENGGONG DE JISHI

出 版 人：费世平
选题策划：杨多文 王宗琦
责任编辑：杨多文 唐 秀
装帧设计：许海波
责任印制：李松伦

出版发行：安徽教育出版社
地 址：合肥市经开区繁华大道西路 398 号 邮编：230601
网 址：http://www.ahep.com.cn
营销电话：(0551)63683011，63683013
排 版：安徽时代华印出版服务有限责任公司
印 刷：三河市燕春印务有限公司

开 本：650 毫米×960 毫米 1/16
印 张：10.25
字 数：100 千字
版 次：2016 年 10 月第 1 版 2023 年 6 月第 6 次印刷
定 价：35.80 元

序

红军长征是中国共产党及其领导的中国工农红军谱写的壮丽史诗，创造了人类历史上的奇迹。长征更是中国共产党领导中华优秀儿女寻求中华民族复兴的伟大征程中，人类精神和意志的一次伟大远征。长征铸就了伟大的长征精神，这就是：把全国人民和中华民族的根本利益看得高于一切，坚定革命理想和信念，坚信正义事业必定胜利的精神；为了救国救民，不怕任何艰难险阻，不惜付出一切牺牲的精神；坚持独立自主、实事求是，一切从实际出发的精神；顾全大局、严守纪律、紧密团结的精神；紧紧依靠人民群众，同人民群众生死相依、患难与共、艰苦奋斗的精神。

长征精神是中国共产党人和人民军队革命风范的生动反映，是中华民族百折不挠、自强不息的民族品格的集中展示，是以爱国主义为核心的民族精神的最高体现。长征精神与井冈山精神一脉相承，薪火相传。回顾历史，无论抗日战争时期、解放战争时期、社会主义革命和建设时期，还是改革开放新时期，长征都迸发出一种绵延不绝的精神力量，给人以无穷的信心、勇气和智慧，为中国革命、建设和改革事业从胜利走向胜利提供源源不断的强大精神动力。每代人都以自己独有的方式，坚定地走完自己的长征路，呈现出长征精神代代传、代代新，“长征永远在路上”的鲜明特色。

如今，战争的烽火硝烟已经远去，长征已成为中华民族永不磨灭的红色记忆，长征精神已凝成中华民族代代相传的红色基因。在进行中华民族伟大复兴的新长征中，长征精神熠熠生辉。“长征精神代代传丛书”试图将长征精神在各个历史时期的传承和表现，通过生动故事展示出来，彰显长征精神的生命力，彰显中国共产党人的理论自信、道路自信、制度自信、文化自信，并激励读者朋友缅怀先烈、不忘初心，弘扬红色传统，传承红色基因，走好新的长征路，用实际行动续写前辈震古烁今的动人故事，延展中华民族复兴的光辉篇章。

丛书编委会

2016 年 9 月

前　言

中国工农红军的万里长征，是中国共产党领导中国革命所创造的伟大历史传奇，被研究者誉为20世纪最“令人神往”和“深远影响世界前途的事件”，是一部考验红军战士的意志、勇气和力量的“人类伟大史诗”，是中国共产党和中华民族的骄傲。

在这伟大的长征中，中国工农红军历时两年，途经11个省区，转战二万五千里，以一往无前的英勇气概，冒着枪林弹雨，忍饥挨饿，越过了前人未能越过的江河，翻过了前人没有翻过的高山，走通了前人没有走通的绝路，打胜了前人没有打过的硬仗，冲出了国民党反动派累计上百万军队的围追堵截，演出了一幕幕惊心动魄的活剧，最终胜利到达陕甘宁革命根据地，实现红军三大主力会师，重新确立了中国革命的大本营。

坚持党对军队的绝对领导，是中国工农红军夺取长征胜利的根本原因。长征途中，党中央坚持真理，修正错误，全军将士听党指挥，团结一致，发扬艰苦奋斗、不怕牺牲的革命英雄主义精神，以特别能吃苦、特别能战斗的顽强作风，斩关夺隘，扭转乾坤，将第五次反“围剿”失败后的溃退改变成走向胜利的伟大进军。

保持党与人民的血肉联系，忠实履行人民军队的宗旨，是长征取得胜利的另一个重要原因。长征途中，无论环境怎样艰苦，红军始终不忘人民军队的本色，处处关心和爱护人民，严格执行群众纪律，赢得了人民群众的真诚拥护和支持。沿途各族群众帮助红军筹粮筹款，烧水送饭，传递消息，掩护伤员，支援红军作战。没有红军与人民群众的鱼水深情，就不可能有长征的胜利。

长征的胜利，使中国革命化险为夷。从此以后，中国革命迅速地打开了新局面。中国共产党与历史同步伐，与时代共命运，领导中国人民推翻了压在自己身上的封建主义、帝国主义和官僚资本主义“三座大山”，结束了任人欺辱的历史，荡涤旧社会的污泥浊水，建设欣欣向荣的新中国。如今，具有五千年年文明的古老中华民族，正焕发青春，以崭新的面貌奔跑在实现中华民族伟大复兴的“中国梦”征途之上。

为揭示“军民相依，艰苦奋斗”这一伟大“长征精神”的内涵及其深远影响，本书选取了不同时期的37个故事，从中不难看出：无论是革命战争年代，还是社会主义建设和改革开放新时期，伟大的“长征精神”都已浸入中国亿万人民的“血液”，化作“红色基因”而代代相传，成为服务人民、战胜困难、建设国家不竭的力量源泉，成为实现中华民族伟大复兴的“中国梦”的强大精神基础。

目录

长征篇(1934 年 10 月—1936 年 10 月)

抗日战争篇(1937 年 7 月—1945 年 9 月)

解放战争篇(1945 年 9 月—1949 年 9 月)

社会主义革命和建设篇(1949 年 10 月—1978 年 12 月)

改革开放篇(1978 年 12 月—)

长征篇

（1934 年 10 月—1936 年 10 月）

这里选取的 7 个故事，从《依依不舍送红军》中，可看出中央苏区人民与红军感人至深的“血肉”亲情。《同心巧渡金沙江》《刘司令彝海结盟》《我们的贺主席》表现了长征途中人民群众对红军的支持，是“军民相依”这一长征精神品格的展示。《翻雪山“死去活来”》《将军上了“小鬼”当》以及《任思忠三过草地》，表现了长征途中红军将士英勇顽强的意志和艰苦奋斗的精神。大海中的一滴水，虽微不足道，但折射了太阳的光辉。这几个故事虽不能尽显长征精神的全貌，但其所蕴含的长征精神，熠熠生辉。

依依不舍送红军[1]

一送红军下南山，秋风细雨扑面寒，
树树梧桐叶落完，红军几时再回山？
二送红军大路旁，红漆桌子路边放，
桌上摆着送行酒，祝愿红军打胜仗。
三送红军上大道，锣儿无声鼓不敲，
双双拉着长茧手，心藏黄连脸在笑。
……

这是红色经典歌曲《十送红军》的最初版本，它生动体现了根据地人民对红军战士的热爱、对革命胜利的期待以及无私奉献的博大情怀。它以悠扬而凄婉的旋律，向人们展示了当年中央红军撤离苏区开始长征时那一个个生离死别、依依不舍的动人场面，令人回肠百转，潸然泪下。

1934 年 10 月 16 日，秋风瑟瑟的重阳之夜，由于王明“左”倾冒险主义错误，第五次反“围剿”失败，中央红军 86000 多人夜渡于都河，被迫长征。

有道是：“兵马未动，粮草先行。”1934 年 6 月 2 日，中共中央、苏维埃政府联合发出《为紧急动员 24 万担[2]粮食供给红军致各级党部及苏维埃的信》。瑞金、兴国、于都、长胜、西江等县区纷纷响应。瑞金一个月就筹粮 11600 担。到 8 月 15 日，新谷归仓时，瑞

① 根据《北京日报》记者李砚洪《长征故事：十送红军》编写。
② 市制重量单位，1 担＝100 斤。

金又为红军筹集稻米 50100 担，谷 10570 担。许多老百姓已是不计明天了，有一户仅有 3 担谷，拿出 2.5 担给了红军。10 月份，近 9 万红军将士集结于都，共住了 9 天，走的时候每人要带一周的干粮。整个于都家家户户做干粮，舂米脱粒的机器日夜轰鸣，煮饭的炊烟袅袅不断，有的村子烧掉了差不多一个山坡的柴草。而此前的 8 月份，为响应中央号召，于都已上交 79309 担粮食。

中央红军长征出发地纪念浮雕

中央红军长征出发地于都河，当时有 8 个渡口，其中 5 个是临时搭建的浮桥，所用的木料不计其数。那些日子，于都城夜不闭户，因为没户可闭，所有门板、店铺挡板、床板都拿到于都河上搭了浮桥，甚至许多老大爷把他们最看重的棺材板都献了出来。

10 月 10 日下午 5 时，那个秋日的黄昏，瑞金附近的云石山上，突然响起了行军号。如血的残阳里，山峦肃穆，马蹄声碎，喇叭如咽。听惯了军号声的瑞金人，这一次的感觉是那样的不同，无论是田里劳作的，还是家里做饭的、纳鞋的，老人、孩子、妇女全都跑了出来，站在路边看着行色匆匆的部队。百姓们拿出家里最好的吃食花生、芋头、鸡蛋、水果，伫立道路两旁，不停地招手。有一位老大娘，挎着一篮子煮熟的鸡蛋，想给红军儿子带上，见一个红军送一个，一篮子鸡蛋都送完了，也没见到自己的儿子……

16 岁的发娣拉着丈夫曾光祥的手，恋恋不舍。“去吧，跟着队伍走吧。”做了 7 年童养媳的发娣刚跟她的光祥完婚。她把新婚丈夫送到红军队伍后，还去看了两次。现在，部队开拔，她拿着新做好的鞋和煮好的鸡蛋，赶到队伍驻地为丈夫送行，可丈夫已经走了，没来得及吃上一口新媳妇特地为他煮好的鸡蛋。发娣擦干泪水，转身挑起箩筐去挨家挨户收军鞋。她发现，村里的女人都在做军鞋，鞋面上绣着字，用红丝线勾上边，很好看。能干的女人交一双，也有两个人合着交一双的，不会做的就用麻草鞋代替。发娣相信，丈夫一定能跟着红军打回来的。

时光荏苒，发娣等着丈夫的归来，一等就是半个世纪。可等到的却是 1983 年瑞金县（今瑞金市）人民政府发给她的一张革命烈士证明书，上面确凿地写着她的光祥哥“1934 年北上无音讯”。

90 岁的发娣老人向记者展示烈士证书

2006 年，发娣已从 16 岁的如花少女变成了 90 的耄耋老人了，面对记者的采访，她手里拿着这张依然崭新的证明，连同她“优秀共产党员”的证书一起贴在胸口，泪眼婆娑，喃喃低语：“活着回来多好，我的光祥，我的光祥……”

于都县银坑镇窖前村一个普通的农家院落。一位普通的母亲钟招子正在向她的儿子道别。钟招子有 10 个儿子，8 个当了红军。1934 年 10 月，他们同时从家乡于都出发，参加长征。分别时，钟招子对儿子们说："一定要打胜仗，妈等你们回来。"由于丈夫早逝，钟招子独自挑起了家庭的重担。她白天下地干农活，晚上回家做家务。深夜，她就坐到老屋门前，点起一盏马灯，等儿子回家。眼泪流了 20 多年，青丝变白发。后来，钟招子把眼睛哭瞎了。但依然每天点亮马灯，坐在石阶上等儿子。她希望用微弱的灯光照亮儿子回家的路，也让他们看清妈妈的模样。"我眼睛看不见了，但马灯不能灭，要让儿子看清楚回家的路。"

1949 年，人民解放军进驻于都。钟招子守候在队伍的必经之路上，一次次询问，一次次失望，整整三天三夜。

她和两个儿子一起，在村后竹篙岭的大树下，修了一座坟。每逢清明，她会带全家来插香祭奠。如今，祭奠形式和地点没有改变，只是在原来的坟边又多了一座坟——钟招子在那里安息。1960 年，她带着深深遗憾撒手人寰。离开时，她留下一句话："把我埋在儿子的身边。"

史料记载，20 世纪 30 年代，瑞金人口 23 万多，有 5 万多参加红军，3.5 万人参加长征，其中 1.08 万人牺牲在长征途中。于都县人口 22 万，约 1.6 万人参加长征，1 万余人牺牲在长征路上，其中 1000 多人没有姓名记载。

无怪乎有记者感叹，江西的红土地为什么这么红，那是因为泥土中洒下了太多烈士的鲜血。

从中央苏区出发的这支衣衫褴褛的队伍，跋涉千山万水，历经血火洗礼，15 年后，他们托起一个巍然屹立的崭新中国，千千万万苏区"最好最积极最勇敢"的青年，为此付出了巨大的牺牲。而他们的母亲、妻子就是这样以巨大的无私送红军北上的……

同心巧渡金沙江

毛泽东率中央红军四渡赤水后，继续以一连串的军事佯攻调遣敌兵。兵临贵阳，吓得正在城内督战的蒋介石急令滇军主力增援；威逼昆明，使“云南王”龙云调兵守城，金沙江江防形同虚设。1935 年 4 月底 5 月初，红军抓住战机，按预定战略方针，分左、中、右三路大军，急速向滇北金沙江挺进，准备渡江北上川西，与红四方面军会合。

金沙江位于长江的上游。它穿行在川滇边界的深山峡谷间，江面宽阔，水急浪大。如果红军过不了江，就有被敌人压进深山峡谷、全军覆灭的危险。为激励战士们鼓起高昂的斗志，红军总部提出了“渡过金沙江，庆祝‘五一’国际劳动节”的口号，编写了一首渡江动员歌，教大家传唱，歌词是：

金沙江水响叮当，我们红军来渡江，
不怕水深流又急，更不怕山高路险长。
我们真顽强！我们真顽强！

一时间，红军的歌声响彻山谷。当红军大队人马向金沙江挺进时，蒋介石如梦初醒，认定红军的目标既不是贵阳，也不是昆明，而是“必渡金沙江无疑”。1935 年 4 月 28 日，蒋介石下达命令，控制渡口，毁船封江。红军进抵金沙江前夕，江边的敌人已将所有船只掠到了北岸。

1935 年 4 月 29 日，中央红军左路纵队红 1 军团先锋红 4 团，在团长王开湘、政委杨成武的带领下，乔装成国民党中央军，一天之内一枪不发就拿下了云南禄劝、武定、元谋三座县城，并控制了龙街渡；右路红3军团也抢占了洪门渡。但这两个渡口船只均已遭敌破坏，江宽水急也无法架浮桥，加上敌机天天在江面上低飞侦察，骚扰严重，渡江未能成功。这样，中路皎平渡就成了红军渡江的唯一希望。

皎平渡位于云南省元谋县与四川省会理县交界的地方，是滇北通往四川的重要交通枢纽，自古以来，这里就是有名的渡口。由于金沙江在这里转了个大弯，江面虽然不宽，但渡口两岸都是峭壁，地势十分险要。

金沙江皎平渡

1935年5月2日，红军总参谋长刘伯承接受抢夺皎平渡的任务，亲率军委干部团第3营和工兵连，带了一部电台，化装成国民党的军队，翻山越岭日夜兼程180里，第二天赶到了金沙江边。然而，这里同样水流湍急，空无一船。形势再度严峻起来，数万红军濒临险境！

当时管辖皎平渡的是彝族土司金利尧，他在蒋介石毁船封江的命令下达时逃到江北，把所有船只都藏在北岸。刘伯承率红军精锐干部团到达皎平渡的当晚，恰巧金利尧的弟弟金利汉犯了大烟瘾，金利尧也惦记着南岸的家产，于是派人划船过来取大烟，并探探情况，根本没想到几百里外的红军会来得这么快。就在刘伯承为江边没有船只发愁时，一只小船恰好送上了门，正是“踏破铁鞋无觅处，得来全不费工夫”。红军在当地群众协助下，又从江边水下捞出了一条破船，用布把漏洞塞上。刘伯承随即派出先遣连连长率领24名战士乘坐两条小船悄悄地偷渡过江。敌人的哨兵以为探子回来了，没有在意。红军突然袭击，一举消灭了一连正规军和一个保安队，干净、利落地控制了皎平渡两岸渡口。

刘伯承立即过江，察看渡口水情，制定《渡河手册》，在江边的一个山洞里设立渡江指挥部，沿金沙江北岸向东西两侧派出部队，一为寻找船只，二为防止敌人从两侧进攻，并派宋任穷率领第3营翻山急行军40里，抢占通安镇，以消除敌军的威胁。第3营连夜出发，翻过皎平渡的背后山头，在通安北面与敌人的援兵遭遇，来敌指挥官是川康边防第1旅旅长刘元瑭，他听说江防有失，急忙带了两个营的兵力赶来增援。宋任穷命令司号员吹响冲锋号，出其不意地向敌人发起攻击。第3营的战士们如猛虎下山，有如神兵天降，一下子就把敌人打得七零八落，漫山遍野地逃窜。刘元瑭指挥不灵，急得大哭，只得收拾残兵败将向会理城逃去。一场酣畅淋漓的战斗后，红军战士个个神采飞扬，称赞道：“刘总参谋长真是英明！昨晚要是在江边宿营，让敌人翻过山，居高临下压下来，我们不知要吃多大亏呀！”

与此同时，刘伯承在当地群众的帮助下，又先后找到了5条船，这样共募集7条船，动员了当地彝、汉、傣、纳西族37名船工，分成两班轮流，人歇船不歇，日夜不停地运送红军过江。刘伯承兴奋地电告军委，每日夜可渡江1万人。中央军委急令全军各部队迅速向皎平渡集中，都从这里过江。尽管红军当时给养困难，但尽力优待船工，后勤部门四处寻找和购买猪、羊、鸡等畜禽，保证船工天天有肉吃，每天还发5元工钱。直到今天，在皎平渡寻访当年船工遗属时，仍时常听到当年“红军喝粥，船工吃肉”的故事。

5月4日黎明前，毛泽东、周恩来、朱德和司令部其他人员摸黑过了江。靠四川一侧的金沙江北岸，没有南岸那样平缓的金色沙滩。船到了对岸缓缓靠近石礁，狭窄的石滩又很陡，有6米多高，只有一条羊肠小道从江岸通向另一处更高的石坡，几乎找不到驻扎部队和存放给养的地方。坡面上有几代船工打出来的11个砂石洞。毛泽东把中央军委总部就设在这些洞里。其他指挥员、电台报务员、警卫人员以及中央机关其他人员也都分住在这些砂石洞里。谁能想象，指挥人类历史上一次最传奇的渡江作战的指挥部，竟是这样简易的石洞。毛泽东在著名诗篇《七律·长征》中描述的“金沙水拍云崖暖”，就是此地。

皎平渡“红军洞”

刘伯承拄着拐杖，站在江边那块巨大的“龙头石”上，日夜亲自指挥部队渡江。从5月3日至9日，集结南岸的红军将士排成一路纵队有条不紊地登船渡江，所有骡马都由船上的人牵着缰绳泅渡。渡船大小不一，多的一次能渡60多人，小的一次能渡一二十人。每船设一名“船长”指挥，即使中央、军团首长上船也要服从安排。

金沙江古称泸水。三国时期，诸葛亮率军“五月渡泸”，其部将马岱率3000人渡江，仅中水毒就死了一大半。1935年，同样是5月，同样是瘴气弥漫、波涛汹涌的金沙江，数万红军依靠无与伦比的组织能力和严格的纪律，依靠人民群众的帮助，凭借7只船穿梭7天7夜，未损一兵一卒，堪称奇迹。

毛泽东看到红军过江快而不乱，称赞刘伯承指挥有方，组织巧妙，高兴地说：“前几天，我们一些同志还担心，怕我们渡不过江去，大家挤上绝路，当时我就对恩来、朱德同志讲，没关系，四川人说刘伯承是龙下凡，江水怎会挡得住龙呢？他会把我们带过去的。”就这样，一个“得来全不费工夫”的渡口，7只大小不一、或新或破的木船，走活了毛泽东所说的“最关键的一着棋”。

与此同时，担任后卫的9军团在南渡乌江以后奉军委命令一直在黔西绕圈子，时东时西，忽南忽北，牵制了敌人尾追红军的兵力。5月6日，他们到了云南东川与巧家县之间，于5月9日在树节渡顺利地渡过了金沙江。此役，共歼灭国民党军1个排和江防大队一部，击溃其2个团，俘600余人。

红军渡江后，刘伯承下令：“把船全部烧掉！让蒋介石望江兴叹吧。”第二天，当敌军大部队赶来时，江水浩渺，连红军的影子也没看见。渡江以后，红军文工团在四川会理休整，编了出话剧《一只破草鞋》，辛辣讽刺了几十万敌人千里追击，被拖得丢盔弃甲，最后只在江边捡到红军丢下的一只破草鞋！

渡过金沙江，红军自1934年10月16日开始长征以来，第一次赢得了主动，彻底地跳出了国民党反动派几十万大军的包围圈。横渡金沙江成为红军长征史上完美的壮举。

刘司令彝海结盟

红军过金沙江后，接下来的任务，就是要通过位于四川西南的大凉山彝民区，越过大渡河，与红四方面军在川西北会师，创建新的根据地。

这条从会理到懋功的行军路线，直线距离虽只有 800 里，沿途却处处有川军据险阻截，寨寨有少数民族武装拦路阻行，还有船渡不过的大江，鸟飞不过的雪山，马走不过的草地。恶劣的自然环境，无情地向红军生命的极限挑战。红军战胜这些困难的第一步，就是要快速通过大凉山彝民区，抢在国民党反动派的前面，渡过激流汹涌、悬崖万丈的大渡河。

而此时，蒋介石调集中央军和川军 10 余万人，令"追剿"的中央军速过金沙江，企图围歼红军于金沙江以北、大渡河以南、雅砻江以东地区。同时令在川各军沿大渡河北岸赶筑碉堡，严防红军北进；沿雅砻江西岸筑碉防守，阻止红军西进；"追剿"军与川军各部连成封锁线，严堵红军南返。并致电各军称："大渡河是太平天国石达开大军覆灭之地，今共军入此汉彝杂处、江河阻隔和给养困难的绝地，必重蹈石达开覆辙。"

红军再次面临生死存亡的考验。为了打乱蒋介石的军事部署，中央决定组织一支先遣队，任命"具有战略远见"的红军总参谋长刘伯承为先遣队司令，红 1 军团政委聂荣臻为先遣队政委，要他们率领先遣队，想尽各种办法，排除一切困难，迅速通过彝族区，为全军开路，抢渡天险大渡河。毛泽东挑选刘伯承和聂荣臻担任先遣队司令和政委，是考虑到他们俩都是四川人，具有熟悉四川地理民情等有利条件，刘伯承在川军中有很高的声望。

大凉山彝民区是一片区域很大的彝族聚居区。由于历史上反动政府长期歧视与压迫少数民族，致使彝民疑忌汉人，加上语言障碍，彝汉同胞相互误解，少有往来。当年太平军翼王石达开及其所部，就是在彝区这个地方被清军和彝族人一起剿灭的。1935 年 5 月，红军先遣队进入彝区时，彝族同胞内部派系林立。不少村寨头人与国民党当局有相互利用关系。

红军决不做第二个石达开。毛泽东嘱咐刘伯承：“先遣队的任务不是打仗，而是宣传党的民族政策。我们在少数民族地区不能打土豪分田地，否则会激化民族矛盾。只要我们模范地执行纪律和党的民族政策，彝民会帮助我们通过的。”

刘伯承自小就熟悉太平天国的故事，知道石达开失败的原因，因为他的启蒙教师曾经是石达开帐下一个文武双全的军师。这回，刘伯承带领红军过彝族区，做了相当多的准备工作。

5 月 21 日，红军先遣队的前锋进入彝民区。许多彝胞听说红军是仁义之师，但还是半信半疑。看到这支以汉族人为主体的军队进入自己的控制区，有不少彝民拿着钢枪、土枪、弓箭围拢过来，呐喊着汉人听不懂的口号，占据了山口要隘并拦住去路。

刘伯承、聂荣臻等下令，遇到彝民阻拦和抢劫不得开枪，只能说服解释。当先遣部队经过一个山口时，突然有一股彝族武装冲下来，袭击了走在队伍后面的工兵连，把他们的衣服扒光。这个连的指战员严格遵守命令，打不还手，骂不还口，结果光着身子流着泪跑了回来。

红军只得缩短行军距离，严格军纪，对侵袭采取不予理睬和不还击的态度。刚从冕宁监狱中被解放的彝民，走在红军队伍的前面当翻译，说明红军此次只是借路北上，绝不会与彝族人为敌。

刘伯承找到党在彝民区的地下组织，提出能不能找一个人，最好是石达开部队的后人，还要与彝族有良好的关系。地下党说，有一个人具备这两个条件，还是地下党员，这个人叫陈志喜，住在大桥镇。刘伯承一听，非常高兴，立刻赶到了大桥镇去见陈志喜。陈志喜开酒店，和彝族人有着良好的关系。通过调查,刘伯承知道当地的彝民有三个部落,一个是罗洪部落,一个是倮伍部落,还有一个是沽鸡部落。国民党在这里治理彝区,主要靠比较大的罗洪部落,有一个叫邓秀廷的国民党管理事务的官员,经常在罗洪部落住着。了解这些情况后,刘伯承认为红军首先要做通沽鸡部落头人小叶丹的工作,因为小叶丹所占领的地区正好通向大渡河,虽然这个部落比较小,但是地理位置非常好。他让陈志喜上山跟小叶丹联系。

小叶丹听了陈志喜对红军的介绍,仍半信半疑,就派他的四叔和精通汉语的沙玛尔各跟着陈志喜下山探听情况。经过一番观察,两人发现红军果然不同于以往所见的国民党军队。沙玛尔各见刘司令谈吐非凡,红军装备也很好,提出请刘司令上山去谈。

小叶丹不放心,骑马赶到前沿。红军发现这人装束不一般,请翻译向他喊话,得到的回答是同意会谈。

小叶丹来到红军队伍中,同红军群众工作队队长萧华席地而坐,两人越谈越近。小叶丹看到红军解救被国民党关押的彝民,纪律又很严明,便本着"朋友越多越好,敌人越少越好"的传统理念,表示同意交朋友。当时,红军前进路上的两个彝族部落——"沽鸡"和"罗洪"正在不断械斗,小叶丹作为"沽鸡"部落领袖,愿与红军结盟,也是想借红军的力量打败"罗洪"部落。红军愿意结盟是为减小北上途中的阻力,并不想介入彝族内部冲突。当小叶丹提出愿与红军先遣队刘伯承司令结拜为兄弟时,萧华马上回去报告。

刘伯承为了团结彝族同胞,毅然只身上山,同小叶丹进行会谈。5 月 22 日,在冕宁县城以北 20 多公里的彝海湖畔,刘伯承与小叶丹并排跪下,"对天盟誓,饮鸡血酒",结拜为兄弟。红军先遣队队员和众多彝胞参加仪式。刘伯承捧起盛有"血酒"的茶缸,坚定地发誓:"上有天,下有地,我刘伯承与果基约达(即小叶丹的名字)今天在这海子边结义为兄弟,如有反悔,天诛地灭!"小叶丹虔诚地接过刘伯承手里的"血酒"缸子,双手捧缸举于额前正中,激动地说:"我果基约达今日与刘伯承司令结为兄弟,如有三心二意,如此鸡一样，断头而死……”刘伯承和小叶丹结拜仪式完成后，刘伯承把随身佩戴的左轮手枪和一些步枪送给了小叶丹，小叶丹也将坐骑送给刘伯承作为纪念。

当晚，刘伯承在宿营地大桥镇设宴款待了小叶丹叔侄一行。针对小叶丹希望得到外援打冤家的想法，刘伯承建议，彝族内部要团结，不要打冤家，要和好；汉族彝族是一家不要隔阂，要共同对付军阀刘文辉。随后，刘伯承将一面写有“中国工农红军沽鸡支队”的队旗授予小叶丹，任命他为支队长。

彝海结盟雕塑

“彝海结盟”后，小叶丹考虑到彝族其他家支仍有可能袭击红军，亲自陪送红军到喇嘛房，然后委派 3 个办事得力的手下把红军护送到岔罗。由于红军通过彝区时秋毫无犯，加上刚刚解救了被押的各部落民众，彝民其他家支也很感动，均未攻击红军。为了抢时间和防止意外，红军强行军，在三天时间内全部通过彝区。指战员们快步行军时，路边彝胞一片欢呼，出现了“兄弟民族夹道迎”的动人场面。

翻雪山“死去活来”

红军通过彝民区后，紧接着遇到另一个大考验，就是翻越高四五千米、气候恶劣、终年积雪的大雪山。“苦不苦？想想红军两万五；累不累？想想革命老前辈”，这是几十年前的学生们耳熟能详的话。这里的“苦”和“累”，通常都是和红军“爬雪山”“过草地”连在一起的。

红军翻过的第一座大雪山，又叫夹金山，位于四川宝兴县西北、懋功以南，理县西南，海拔4500多米，它一年四季白雪皑皑，寒气逼人。当地居民称它为“神仙山”，意思是只有神仙才能翻越。

从前，有人上去过，想尝试人到底能不能把这座山踩在脚下，可都是有去无回。

红军要过大渡河，就必须翻过这座山。因为无人敢走，看起来是绝境，一心想消灭红军的蒋介石，无论施展他怎样的想象力，也没有料到红军会选择这条通向大渡河的“捷径”。毛泽东和中央军委领导以无与伦比的勇气和超人的智慧，带领红军“绝处求生”，翻越雪山，踏平坎坷，在世上最难走的地方走出了红军的成功之路。

这是一个非常具有象征意义的故事。有一支红军在过雪山时，其中有6个战士冻死了。漫漫长征路，生死手足情。活着的人不忍心抛弃“死”去的战友，就抬着他们的“尸体”艰难前进。到了宿营地，战士们烧篝火取暖，一个战士突然发现，靠近“篝火”的一具“尸体”活了。战士们立即把其他五具“尸体”全搬到篝火旁，结果全部复活过来。

红军翻越雪山所创造的，正是感天动地“死去活来”的伟大奇迹。这一次，毛泽东依然把创造奇迹的先锋使命交给了红军长征前卫团——红 1 军团第 2 师第 4 团。团长王开湘，政委杨成武。他们到达山下时，尽管做好了周密的翻山准备，熟悉天气变化情况的老乡还是反复叮嘱：过山要在上午 9 点之后到下午 3 点钟之前，避开早晚大风雪和严寒；要多穿衣服，最好用烈酒、辣椒御寒壮气，并带上拐杖。可是，红 4 团战士的棉衣已在云南送给穷苦至极的“干人”了，时值盛夏，只穿着一件单衣。烈酒、辣椒当地无法买到。他们只带了三天干粮和一根拐杖，带着为红军大部队开路的坚强战斗意志，于 6 月 12 日上午 9 时出发上山。

红军翻越夹金山纪念碑

刚上山时，山坡上的原始森林已是一片冰海雪林。再往上走，一边是陡立的雪岩，一边是峻峭的雪壁，中间的一条小路积雪深数尺。越往上走，路越窄，坡越陡，雪越深，气温越低，空气越稀薄，呼吸越困难，行动越费劲。山上，更是气候瞬息万变，时而晴空万里，时而寒风大作，风卷雪飞，堵得人透不过气；时而雨雪齐下，满天冰雹劈头盖脸，打得战士鼻青眼肿。由于呼吸困难，说话都要靠打手势；由于天气太冷，战士们虽累得筋疲力尽，却不能停步，因为一停下来就有被冻僵的危险。直到下至半山腰,才有所转暖。

如果说红军依靠凡人所不能及的坚强意志征服了风雪弥漫、异常寒冷、飞鸟绝迹的雪山,那与这顽强的意志同样重要的,就是人民军队所独有的战友情和同志爱。“雪山小太阳”便是红军翻越雪山时发生的又一个催人泪下“死去活来”的故事。

大雪山上,狂风夹杂着大片的雪花翻卷咆哮,凛冽的空气中,雪山似乎也在战栗,前进的队伍有些迟缓了。寒冷、饥饿、稀薄的空气侵袭着这支坚强的队伍,已经有很多同志在这片让神灵都敬畏的土地上永远闭上了眼睛。可宣传队的队员们,总是生龙活虎地穿梭在行进的队伍中间,竭尽全力地进行宣传鼓动:“同志们,战友们,加油啊,千万不能停下来,往前走,翻过这座山就是希望,就是胜利!同志们,加油啊!”

突然,风雪中传来一阵充满活力的歌声:

夹金山高又高,
坚持一下胜利了!
翻过雪山是晴天,
嘿!太阳暖和和,
战士笑呵呵……

歌声穿透风雪,驱散了寒冷与疲惫,给前进中的队伍带来阵阵暖意。大家抬头望去,山坡上一个小小的、红色的身影跳着、唱着,挥舞着手里的快板,快乐的身影像一团跳动的火焰。“我们的小太阳又升起来了!”战士们笑了。

这名唱歌的女战士是红军队伍里的卫生员,谁也不知道她的名字。一路上,小姑娘把行进中的故事编成歌谣鼓舞着大家前进,成了大家的“开心果”。翻雪山时,小姑娘身体单薄,同行的大姐怕她冻坏,把身上穿的一件红毛衣送给了她。她高兴极了,穿着这件长过膝盖的大毛衣在队伍里跑前跑后,在山坡上唱着跳着,红艳艳的颜色在雪地里分外耀眼，大家就开玩笑地叫她“小太阳”。

队伍接近山顶了，空气越来越稀薄，连呼吸都困难。很多同志因为疲惫和饥饿坐在了雪地上，这一坐，便成了冰雪的雕像。红毛衣也抵挡不住寒冷的侵袭，“小太阳”的脚步也越来越迟缓。突然，她停了下来，路边坐着一个受伤的战士，把头埋进臂弯里像在打瞌睡。在这里，停顿就意味着死亡。“小太阳”拼命地摇着他，战士只是含糊不清地说：“冷，冷……”

队伍依然缓缓地前进着。有人突然发现，队伍里不见了那个快乐的红色身影。干部休养连的战士们到处寻找，在半山坡的雪地里，看到这个年少的卫生员静静地躺在山坡上，已经没有了生命的气息。她只穿着一件单薄的军衣，小小的脸上没有一丝血色。在担架上，战士们找到了那件红艳艳的大毛衣，它穿在一个受伤的战士身上。伤兵流着泪回忆说，困乏时坐在雪地里，只觉得有人在拼命地拉着他，对了，还听见了歌声，他说，很熟悉的歌：

翻过雪山是晴天，
嘿！太阳暖和和，
战士笑呵呵……

所有人都沉默了。伤兵脱下红毛衣，郑重地铺在雪地上，它像女战士快乐的微笑，舒展在茫茫雪地中。仰首望去，峰顶已经初见阳光，太阳红彤彤，照在皑皑白雪之上，映出一道道金色的光芒。

在翻越雪山的过程中，这“死去活来”的精神力量，还来自红军统帅和党的领袖们的身体力行。他们始终与战士们同甘共苦，互相扶持，互相鼓励。毛泽东、周恩来早把座马让给了伤病员和体弱的同志，自己拄根棍子带头走。红1军团政委聂荣臻和参谋长左权因生病出发时是乘座马和担架的。后来，他们把座马与担架让给了战士，拄着棍子爬到山顶。干部团政委宋任穷出发时，把马让给了受伤的工兵连副连长黄朝天，快到山顶时，一阵狂风刮来，马精疲力竭倒在雪地里，黄朝天被摔进雪坑，四肢不听使唤。他使尽全身力气，向前爬了几步，昏了过去。战士们把他抢救上来，给他灌了些烧酒，然后用担架抬着他艰难行进。在最难走的一段路中，宋任穷和警卫员把担架抢了过来，艰难地一步一步地挪到山顶。领袖与红军各级干部的模范行动，使战士们的心即便在摄氏零下几十度的严寒里，也是暖烘烘的，产生了从未有过的坚强意志。

巍峨大雪山，第一次被一支名为“中国工农红军”的穷人队伍踩在了脚下，垂下了它那高不可及的“头颅”。可是，在征服这座山的短短几天里，上演了多少“死去活来”的故事呢？

将军上了“小鬼”当

1935 年 8 月下旬，翻过雪山的中央红军，由于多种原因，未能按原计划在川西北建立根据地，只得继续北上。这一次红军要穿越的，是有“死亡魔地”之称的茫茫草地。这是一片无人走过的生命禁区，位于青藏高原与四川盆地的连接地段，纵横几百公里，海拔在 3500 米以上。能否通过草地，是红军长征中遇到的又一次生死攸关的考验。

8 月的草地，远远望去，绿草如茵，像是一片绿色的海洋，盛开的各种各样的花儿，如纷飞的蝴蝶，真是美丽极了。但就在这美丽的花草下面，处处隐藏着死神，潜藏着杀机。草地地势低洼，水流常年淤滞，从而形成了深不可测的沼泽。沼泽中多年的水草盘根错节，形成草甸。草甸之下，积水泛滥，水呈淤黑色，散发着阵阵恶臭。行人和骡马要脚踏草丛根部，万分小心地沿草甸前进。稍有不慎，就会陷入泥沼，越是挣扎，陷得越深，一会儿的工夫，便被泥水所吞没。而且，草地上不见山丘，不见树木，没有村寨，没有道路，鸟兽绝迹，人烟荒芜，茫茫无际，看不到尽头。在草地上行走，会瘆得人心里直发毛。草地气候恶劣，变化无常，忽而晴空万里，烈日高照；忽而乌云滚滚，暴雨倾盆；有时还会有鸡蛋大的冰雹铺天盖地般砸下来。每年的 5 月至 9 月为草地的雨季，连绵不绝的淫雨使草地成为漫漫泽国，更加泥泞不堪，难以通行。红军过草地的时间，正好是这要命的雨季。连远在南京指挥“围剿”红军的蒋介石也认为，草地为“天然屏障，飞渡不易”，红军绝对不敢走这条绝路。但红军总是出人意料，做成了别人做不到的事。

红军当年走过的草地

红军过草地，第一要战胜的困难，就是草地极其恶劣的自然环境，其艰险的程度，对这些从南方走来的红军战士来说，甚至远远超过了他们经历过的无数次枪林弹雨。因为遍地是水草、沼泽、泥潭，红军指战员们只好从一个草甸跨到另一个草甸，跳跃着前进。有时需要拄着棍子小心翼翼地探测深浅，几个人相互搀扶着走。如果腿脚划破了皮，沾上了水，就会红肿甚至溃烂，无法行走。由于地处高原，草地上空气稀薄，稍微行动一下，就会气喘吁吁，呼吸困难。一天下来，累得身体就像散了架似的。可茫茫草地上，由于没有辨别方向的参照物，有时艰难地走了半天，却发现又绕回了原地。草地上还有不少河流，有的河宽流急很难涉水通过，如果再遇到大雨天气就更难走了。有一次，一个连队正在蹚水过河，突然天降暴雨，河水猛涨，不少正在过河的战士被大水无情地冲走了。几乎每过一条河，都会有战士倒下。而且，8 月的草地，温差极大。白天气温可达 30 摄氏度，一到晚上，又骤降至零摄氏度。战士们衣单体弱，饥寒交迫，难以抵挡寒冷的侵袭，体力渐渐不支。许多战士走着走着，便突然倒在地上，再也站不起来了。每当寒夜过后，宿营地上就会留下许多长眠的英灵。

草地上，饥饿像游荡的“恶魔”一样，如影随形地威胁着红军将士的生命。进入草地前，红军虽然想了很多办法筹集粮食，但由于川西北非常贫瘠，各部队筹到的粮食远远不够。有的部队甚至只筹到了两天的干粮——青稞炒麦面。进入草地后，这为数不多的干粮就成了红军将士维系生命的唯一口粮。由于没有水，战士们只能干吃青稞炒麦面，一下雨，炒面被淋湿了，变成了面疙瘩，更加难以下咽。还有不少同志来不及把青稞炒熟磨成面，只能带着生青稞，一颗颗嚼着吃。因为带得少，就一颗颗数着吃，尽量节省以便多吃一两天。一般战士准备的干粮，两三天行程就吃完了，只好吃野菜、草根、树皮。有的战士因为误食有毒的野菜而牺牲。走在前面的部队还能找到野菜、树皮、草根之类充饥，后面的部队连这些都吃不上，不得不将身上的皮带、皮毛坎肩、马鞍子等东西取下来煮着吃，甚至从前面战士留下的大便中，翻找出没有消化的青稞，用水洗一洗，放到嘴中救急。

长时间在荒无人烟的草地上行军，连续的挨冻受饿，不少红军战士身体非常虚弱，渐渐地掉队了，甚至连红军干部团的团长陈赓也感到十分疲惫。那一天，他也掉队了。太阳快要下山的时候，陈赓牵着那匹同样疲惫的瘦马，一步一步朝前走着。忽然，陈赓看见前边有个小红军，跟他一样，也掉队了。陈赓连忙赶上去，发现这个小家伙只有十一二岁。黄黄的小脸，一双大眼睛，两片薄嘴唇，鼻子有点儿翘，两只脚穿着破草鞋，冻得又青又红。陈赓走到他跟前，非常爱怜地说：“‘小鬼’，你上马骑一会儿吧。”

“小鬼”摆出一副满不在乎的样子，盯着陈赓那留着络腮胡子的瘦脸，微微一笑，用一口四川话说：“老同志，我的体力比你强多了，你快骑上走吧。”

陈赓用命令的口吻说：“骑一段路再说！”“小鬼”倔强地说：“你要我同你的马比赛啊，那就比一比吧。”说着，他把腰一挺，做出个准备跑的姿势。

“那，我们就一块儿走吧。”“不。你先走，我还要等我的同伴呢。”陈赓无可奈何，从身上取出一小包青稞面，递给“小鬼”，说：“你把它吃了。”

“小鬼”把身上的干粮袋一拉，轻轻地拍了拍，说：“你看，鼓鼓的嘛。我比你还多呢。”

陈赓终于被这个“小鬼”说服了，只好爬上马背，朝前走去。他骑在马上，心情总平静不下来，从刚才遇见的“小鬼”，想起一连串的孩子。从上海、广州直到香港的码头上，跟他打过交道的那些穷孩子，一个个浮现在他眼前。

“不对，我受骗了！”陈赓突然喊了一声，立刻调转马头，狠踢了几下马肚子，向来的路奔跑起来。等他找到那个“小鬼”，“小鬼”已经倒在草地上了。陈赓吃力地把“小鬼”抱上马背，他的手触到了“小鬼”的干粮袋，袋子硬邦邦的，装的是什么东西呢？他掏出来一看，原来是一块烧得发黑的牛膝骨，上面还有几个牙印。陈赓全明白了。就在这个时候，“小鬼”停止了呼吸。陈赓一把搂住“小鬼”，狠狠地打了自己一个嘴巴：“陈赓啊，你怎么对得起这个小兄弟啊！”

就这样，红军官兵以巨大的牺牲精神，终于战胜了极度恶劣的自然环境和死神的威胁，超越了生存极限，相继走出了草地，创造了红军长征路上的又一个奇迹。

任思忠三过草地

“年轻人，用语言根本表达不出长征的真实场景，你不可能想象出当时有多么艰苦。”这是老红军战士、原广州军区政委、原济南军区政委任思忠将军对采访他的记者说的一句话。

任思忠 14 岁参加红军，曾经三过草地。中央电视台播出电视连续剧《长征》时，任思忠将军坚持每天收看，他看得比家人都专注，他为这部电视连续剧所感动，但仍然对家人说，“有些苦他们拍不出来”，“在九死一生的险境里我们始终不动摇，就是因为我们坚信我们的努力能换来今天的安定繁荣”。

1932 年 12 月，红四方面军的主力到达川北，川东地下党领导的游击队开始在达县一带活动。当时，因贫困辍学的任思忠正在家中帮助父亲务农。红色政权打土豪分田地，为贫苦农民做主，给穷人指出一条活路，任思忠明白，这是一支穷人的队伍。

1933 年 6 月，任思忠参加了游击小组，不久便加入了中国共产主义青年团。由于他思想活跃，积极探讨革命的道理，很快便成为游击队的中坚力量。红军主力占领达县后，他被选为区少年先锋队大队长，14 岁的少年成了 171 名红“小鬼”的“头领”，在他的带领下，全队 172 人集体加入了红军。

1934 年 7 月，任思忠任四川省少先指挥部政教科科长兼干部连指导员，在四川西部丹巴地区开展工作。一天，当任思忠等人在一座 3 层小楼上开会时，反动军阀的武装突然冲到了楼里，与负责放哨的同志在楼梯上展开了激烈的枪战。脚步声密集急促，逐渐近了，留下来肯定是死，任思忠等三人跳窗逃生，一名同伴当场摔死，任思忠右臂支撑着地，上臂骨折后戳断肋骨插进了胸腔，他忍痛与同伴钻入夜幕迅速转移。

没过多久，伤臂吊着绷带的任思忠再次活跃于山间的村庄里。革命者的工作激起了恶势力的疯狂反扑，在新塘坝地区，有一支500人左右的地主武装，他们疯狂袭击革命者的工作队，屠杀革命群众，打仗时人人拿着一把扇子，妄称是刀枪不入的神兵，当地群众称之为“扇子队”。一天深夜，任思忠带领干部连在地方赤卫队的配合下夜袭“扇子队”。战斗中，他被敌人刺刀捅伤，仍坚持参加战斗。这一仗，扇子队被全歼，少年任思忠为川陕根据地人民除了害，一战成名。

“红四方面军的长征路最长，三过草地，第一次过草地时，我的右脚便被反动军队布下的竹签阵穿透了。”说起长征他三过草地时的第一次受伤，任思忠的右脚背上赫然凹陷的一块约三厘米见方的伤疤，就成了历史的见证。

那是一次夜间急行军，前有堵截，后有追兵，任思忠带着一支十几人的队伍迅速向阿坝前行。他走在最前面，小心地穿过反动军队布下的铁丝网，突然脚心一阵剧痛，落在地上再也迈不动步子。战友提来马灯一看，一根近10厘米长的竹签穿过了他的右脚脚掌，脚背上还露出长长一截。任思忠当时脸就变白了，疼得直冒汗，可是，他始终没有说一声痛。队伍连续行军，根本没有机会停下来养伤。他的伤口化脓了，战友便将纱布裁成窄长的细条，蘸了水穿过伤洞，来回扯动，清除里面的脓血和息肉。每拉扯一下，都伴随着钻心的疼痛，但没有什么有效办法，那是缺医少药环境中遏制进一步感染的唯一办法。靠着坚强的意志，任思忠挺了过来。在战友的帮助下，他的脚伤渐渐好转，只是脚背中央永远留下了一块伤疤。

第二次过草地更险，任思忠的一只脚都已经迈进了鬼门关。那是1935年下半年，任思忠任红四方面军总部教导团一连指导员。大军从阿坝向绥靖方向进发。来到黑水河时，便桥已被毁掉，南岸则被土匪占领。为保证主力部队过河，任思忠和另外30名干部战士趁黑夜泅水渡河。时值隆冬，水流湍急，冰冷刺骨，站在岸边都冻得瑟瑟发抖，更别说游到对岸了。不过，越是危急时刻，战士们的勇气越是大增，成功游到对岸的只有8名，任思忠就是其中一名。接下来就是一次令南岸敌军魂飞魄散的突袭，大部分敌军在睡梦中被击毙，8名红军战士很快占领了桥头堡，大部队顺利地搭起了便桥。

因为这次战斗，任思忠染上了重伤寒，红军缺医少药，食物的供应已经断绝，他的病情一步步恶化，常常昏迷不醒，战友们便抬着他行军。20天后，部队走出草地，来到绥靖。此时任思忠长时间休克，战友们都误以为他已经死了，便把他放在了绥靖滩石崖下的山洞里。不知过了多长时间，他苏醒过来，挣扎着爬向河边喝水，十几米的距离，竟爬了两三个小时。当地居民郝老汉发现后将他救回了家。

郝老汉对待他就像亲生儿子一样，每天熬小米粥一口一口地喂他。老汉膝下只有一个女儿，想收他为儿子。可是任思忠一心想要回到队伍上，他每天搬小板凳坐在大门口，希望看到队伍上的同志。两个月后，任思忠的病基本痊愈了，他挥泪告别了郝老汉一家，找到了在该地区活动的金川省委，重回革命队伍。此时，任思忠还不满18岁。

任思忠将军

1936年7月，任思忠的身体痊愈了，就在此时，队伍又从绥靖出师北上。这一次，任思忠跟着队伍第三次过草地，顺利到达陕北，和战友们一起，与中央红军胜利会师。

“战争年代，我们身边倒下了太多的好战友，比起他们，我是一名幸存者，更是一个幸运者”，“我能够亲眼看到自己为之努力的目标实现就是最大的幸运，真正的荣誉归于那些光荣献身的烈士们。”这是老红军任思忠生前经常对家人说的一句话。

我们的贺主席[1]

蒋介石为了消灭红军，绞尽脑汁，一方面不断地派军队“围剿”；一方面散布谣言，恶毒污蔑红军，说什么红军的“牙齿有巴掌宽，吃人如同吃面条”，红军个个长得“青面獠牙”，伸出舌头吃人，能“把小娃儿身上凿七个洞，用管子吸血”，共产党“共产共妻”……企图通过丑化红军、丑化共产党的宣传，达到恐吓群众、隔断红军与群众联系的目的。但红军总是以遵纪爱民的实际行动，解除群众的顾虑，获得群众的支持和信任，使敌人的谣言不攻自破。

1935 年 12 月的一天，贺龙率领中国工农红军第 2 军团到达湘西的岩山乡。刚开始的时候，不少村民听说红军要来，纷纷躲进山里。没有走的人家，都把门关得紧紧的，后听到红军战士亲切地喊：“老乡们不要怕，我们红军是穷人的队伍，不会拿你们的东西，如果你们有什么吃的就卖给我们一点，我们照价付钱。”有些人从门缝中看到红军战士规规矩矩，蹲在街上，谁也不去敲店门。于是，有的就拿出煮热的红

贺龙同志雕像

① 根据百度资料编写。

薯放门口卖，战士们不讲价，说多少就是多少，只多交不少交。消息传开后，店门都开了，能吃的东西都摆出来了，附近群众家里有能吃的，都拿到街上卖。有几位战士走到一位老大娘面前轻声说："大娘，天气太冷，今晚上我们想到你家里避避风寒。"大娘满脸笑容表示欢迎，战士们放下背包，就动手打扫卫生，挑水劈柴。晚上，大娘见几个战士在灯下摆着白布比画，她猜想他们是要把布剪做包脚布，就把"坐月子"的媳妇喊来一起帮忙，婆媳俩熬了一整夜，共做好10双布袜子，正好每人一双。第二天，战士们临走时再三向大娘道谢，送给她一些白布、一床印花被面和两个圆瓷缸作为纪念。

有几个战士进村时，一妇女抱着小孩慌慌张张躲进家里。看见她房门紧闭，一个战士轻轻地敲门说："嫂子，请你不要害怕，我们红军是穷人的队伍，请你开开门，我们有事和你商量。"青年妇女叫欧阳香元，丈夫在外做挑夫，她听到敲门的声音不是很急，喊话的声音也很平和，就开了门。战士见她屋内还有一间空房，便提出："嫂子，今天晚上借你这间空房搭个铺住一晚上，你看行不行？"欧阳香元虽没有完全听懂他们的话，但知道他们是要借房子住，于是脸上露出了同意的笑容。

过了一会儿，有位战士领着一位身材高大魁梧、身穿蓝布长衫、留有八字胡子的人来到了欧阳香元的家门口，后面跟着二三十个穿灰布军衣、背短枪的战士，在场地上整整齐齐地站成两排。那个八字胡子对大家讲："我们红军是穷人的队伍，是为人民求解放的，我们有铁的纪律，大家千万要注意，不能进年轻妇女的卧室内。"接着又讲："我们红军无论走到哪里，都要关心群众，爱护群众，群众家里的东西未经主人同意不能搬动，借东西一定要还，损坏和丢失东西一定要照价赔偿，这样我们才能取得群众的信任，才能团结群众去打倒蒋介石卖国贼，打倒日本帝国主义。"

欧阳香元从战士们的表情上，看出八字胡子是个大官。听他讲话句句为老百姓着想，认定红军是好人。她怀着兴奋的心情走到院子里，把那个八字胡子讲的话告诉别人，直到天快黑时才回家，她走到堂屋门口见地上搭起了铺，那个八字胡子和另外两个人在煤油灯下看地图，一边看一边比比画画。她想知道那个大官是个什么官，于是走到门外悄悄地问一个小战士："那个穿蓝布长衫、留着胡子的是你们的什么人？"小战士轻声地告诉她："是我们的军团长，苏维埃政府的贺主席，我们都喊他贺老总。"她听后心里嘀咕，原来他是个大官，难怪战士们都规规矩矩听他讲话。

她走到房内，一位女战士非常和气地请她坐下，像亲姐妹一样和她拉起了家常。在交谈中她问女战士："你是哪个的老婆？"女战士很爽快地告诉她："我是贺龙同志的爱人，今晚住在你家，真麻烦你了。"她知道了住在她家里的是红军的大官贺龙主席一家人，不好意思地说："这房子不好，没有好好收拾，真对不起你们。"女战士说："等打完仗以后，穷人就有好房子住了。"

第二天清早，部队要走了，有些战士在收拾行装，有些在打扫卫生，有个战士走到欧阳香元的嫂嫂雷青菊面前，再三询问是否有损坏和丢失的东西，雷青菊讲："只有一个木脸盆没看到。"那个战士不一会拿了一个铜脸盆对她说："如果找不到就用这个脸盆，找到了就留作纪念，红军的纪律都是贺主席规定的，你一定要收下。"贺主席和战士们走时，群众都含着热泪相送，战士们也不时地回头，依依惜别。

贺龙元帅

几十年过去了，长征路上的群众没有忘记当年的"贺主席"。1956 年，欧阳香元看到中华人民共和国十大元帅的挂像时，一眼就认出了当年住在自己家里的贺主席，高兴地说："你们看，我们的贺主席又回岩山来了，又到我们家里来了。"

抗日战争篇

（1937 年 7 月—1945 年 9 月）

本章共选取 6 个故事。抗日战争时期，舍生忘死救助八路军伤员的“沂蒙红嫂”、奋不顾身掩护新四军突围干部战士的“泾县妈妈”，都是“军民相依”的长征精神在这一历史时期的体现。《深山来了“菩萨兵”》《张司令“法办”大骡子》，一如既往地表现了人民军队为人民的子弟兵性质。面对国民党顽固派的封锁和日军的围困“扫荡”，八路军、新四军艰苦奋斗、自力更生，依靠自己的双手开展大生产运动，一边开源一边节流，努力减轻人民负担。《大生产运动的标兵》《黄师长的“节约经”》则从不同侧面介绍了八路军和新四军艰苦奋斗的感人故事。

沂蒙红嫂

在战争年代，沂蒙山区有一个伟大的女性群体，她们送子参军、送夫支前，缝军衣、做军鞋、抬担架、推小车，舍生忘死救伤员，不遗余力抚养革命后代，谱写了一曲曲水乳交融的军民鱼水情，她们有一个响亮的名字，这就是“沂蒙红嫂”。

沂水县院东头乡桃棵子村的祖秀莲(1911－1977)，是“沂蒙红嫂”的代表人物之一。1941 年农历九月，日本侵略军对沂蒙山区抗日根据地实行扫荡。一天下午，八路军山东纵队司令部侦察参谋郭伍士执行侦察任务时，在桃棵子村南挡阳山下被鬼子 5 颗子弹打中，倒下后又挨了几刺刀。有一颗子弹从他的两腮穿过，他的牙被打碎好几颗；他的肚子被刺穿，肠子露在外面。他用军上衣扎紧肚子上的伤口，朝桃棵子村爬去，爬到祖秀莲家门口时他晕倒了。

为八路军做军鞋的“沂蒙红嫂”

那时，谁掩护八路军、救护八路军伤病员，如被鬼子发现了，都得杀头。但祖秀莲不怕。她把郭伍士架进屋里，抠出他嘴里碎牙、血污，一盅一盅地喂水。晚上，鬼子又住进了桃棵子村。祖秀莲叫上张衡军等几个游击队员，把郭伍士背到村后崖下一个大草垛里藏起来。第二天又把他背回来，祖秀莲烧了盐水给他擦洗了伤口，包扎好后又背到西山半腰一块大卧牛石下挖好的一个洞子里藏起来。她天天躲开鬼子，到石洞里送水送饭、喂水喂饭、清理卫生。为了给郭伍士补养身子，她把自家的两只母鸡都杀了熬成汤，喂郭伍士。

由于祖秀莲一家人的精心呵护，一个多月后，郭伍士的伤情好转，被转移到一个八路军医院里。临走时，祖秀莲嘱咐他，不管走到山南海北，一定捎个信儿来。郭伍士说，无论战斗到哪里也忘不了你这个“娘”。

1947 年，郭伍士因伤残复员，但他没有回山西老家，而是做了一副货郎担子，沿着崎岖的山路一边卖货、一边打听救护自己的“娘”，几经辗转，终于来到祖秀莲身边，“母子”相认。他每月都要从伤残抚恤金里拿出一部分送给祖秀莲，还不断买好吃的孝敬老人，让自己的孩子一直叫祖秀莲“奶奶”。

沂蒙“红嫂”中，除了祖秀莲这个八路军战士忘不了的“娘”外，还有一位声名远播的明德英。明德英(1911－1995)，著名的“堡垒村”沂南县马牧池乡横河村人。1942 年底，日寇对沂蒙山区进行了拉网合围式大扫荡，驻扎在横河村一带的八路军沂蒙山东纵队军医处香炉石分所人员被冲散，其中有位八路军小战士庄新民，年仅 13 岁，他突围时负了重伤，恰好被横河村的哑女明德英发现。危急之时，明德英将庄新民背到一个山洞里掩藏起来。为了救醒昏迷中的庄新民，明德英挤出自己的乳汁，一勺一勺喂到他嘴里，庄新民这才“起死回生”。鬼子再次搜村时，明德英的丈夫李开田拉着庄新民的手，小声告诉他：“孩子，不要怕，鬼子要问，就说是我的儿子。”瘦弱矮小的庄新民穿一件破棉袄，看上去不大像是八路军，鬼子上下打量了许久只好作罢。庄新民养伤期间，明德英但凡有点好吃的，都给他吃了，弟妹们只能吃糠咽菜，他多次提出要去找部队，明德英夫妇给他缝补好衣服和鞋子，准备了几块熟地瓜，含着泪水依依不舍将他送到村头。

庄新民离开明德英家时，虽然没有问清救护他的“爹娘”姓名，但看望“双亲”的念头始终埋在心里。1955 年，已在上海工作的庄新民几经周折，终于找到了两位老人。这时他才知道，他的沂蒙老爹叫李开田，大娘叫明德英。他将“老爹”请到上海住了半个月，每天下班总是带回好吃的，忙前忙后孝敬老人。自这次团聚后，庄新民一直与明德英家保持着密切联系，老人也常给他寄点沂蒙土特产品。1985 年春天，庄新民重新踏上了沂蒙土地，此时李开田老人已经过世，聋哑的明德英大娘也已老态龙钟。因明德英家时常有被她救护过的当年八路军官兵来看望，庄新民的到来并没有引起她的注意，家人给她做手势说明，她也没什么反应。情急中，家人拿出上海产的“大白兔”奶糖，又指指庄新民，老人家蓦然明白过来，两行热泪滚滚而下。她一把将庄新民拉到怀里，还轻轻打了他几巴掌。年过半百的庄新民像孩子一样抱着明德英痛哭流涕。突然，明德英松开双手，转身在一个低矮的厨具内摸出两个苹果，用衣襟擦了又擦，硬往庄新民嘴里塞，庄新民噙着眼泪将苹果吃了下去。

祖秀莲、明德英，只是“沂蒙红嫂”的代表，和她们一样的故事有很多很多……

泾县妈妈

在震惊中外的“皖南事变”中，泾县人民舍生忘死，救护新四军，涌现了一大批像“沂蒙红嫂”一样的伟大母性群体。新四军的干部战士们亲切地称她们“泾县妈妈”。陈六香陈妈妈就是她们中的一个代表。

泾县新四军军部旧址纪念馆

陈六香，泾县南容乡（今属茂林镇）濂长村人。1911 年出生，贤惠能干，是把理家的好手。她丈夫姓姚，排行第五，人称姚老五，以种茶、烧炭为生。

那一日，雨过天晴，前几天炒豆般爆响的激烈枪声也沉寂下来。吃过早饭，姚老五独自一人来到金马坑，这是一处非常偏僻的山坳，离他的家有十里开外。在金马坑的半山腰上，姚老五一字排开地建了三口炭窑，他把窑火点着，看到炭窑里的杂木吐出红蓝交织的火苗，炭火逐渐旺盛起来，转身走向炭棚，只见三位身穿黑色衣服的陌生人站在炭棚门口，微笑着向他打招呼："老乡，忙啊？"看着这三个20岁左右的年轻人，姚老五心里不禁咯噔一下，莫非他们是来搜捕新四军的国民党特务？他警惕地问道："你们是从哪里来的，到烧炭的地方干什么啊？"三人中年龄稍大的一位似乎看出了老五的心思，立即解释说："老乡，莫怕。因为走错了山路，拐到了这里，我们休息一会就走。"姚老五把三人让进了炭棚，一边请他们在杂木凳上坐下，一边拿起茶竹筒递给其中的一位，"喝口茶吧"，说着，收拾起炭窑前的杂物。那个年龄稍大些的年轻人四下打量了一下炭棚，看到棚顶挂着的灯笼上有一个红色的"姚"字，就和姚老五攀谈起来。"老乡，您姓姚，我也姓姚哎。"姚老五一听，心里高兴起来。"哎呀，您也姓姚，我们是宗家啦。""对喽，我们是宗家。"几个年轻人见姚老五放松了戒心，抓住机会说："我们是突围出来的新四军，因为对山下的情况不明，一直隐藏在附近的山上，肚子饿了好几顿，都咕咕直叫唤了，今天想下山摸摸情况，也顺便弄点吃的。"姚老五一听，先喜后惊，喜的是他们是新四军，惊的是山下到处是国民党兵和特务，个个凶神恶煞，正四处捉拿新四军。姚老五连忙摆手说："不行不行，你们千万不能下山，国民党三天两头进山搜捕新四军，情况紧得很，你们要是放心的话，就在我的炭棚里先住下再说。我这个炭棚矮小，不像个样子，可住在里面刮风落雨不要紧，离村子也远，国民党特务一时半会找不到这里来，外地人不识路，也摸不上来，很安全。我马上下山回家，明天早上叫我屋里的给你们送点吃的东西来。"

姚老五回到家里已经很晚了。"今天怎么回来这样晚？"陈六香关心地问丈夫，姚老五便将在炭棚前遇到的情况和安排告诉了妻子。陈六香听了连连点头，说："好！好！你做得好！新四军打鬼子，犯了哪一条法？这些洋炮铳的短命死（当地老百姓对打新四军的国民党军的称呼），打鬼子没用，欺负老百姓能得很，总有一天不得好死。”当晚，夫妻俩仔细商量掩护新四军的办法，让他们既安全又不挨饿受冻。最后夫妻俩决定，由陈六香以上山背炭为由，避开敌人耳目，每天上午送饭上山，下午背炭回家。这一晚，陈六香夫妇忙了个通宵。天刚蒙蒙亮，陈六香将准备好的玉米饼、腌萝卜、红辣椒放在炭篓底层，上面放些烧炭用的工具及茶竹筒，往背上一背，就向金马坑走去。接下来，陈六香天天如此，一早背着个炭篓子，翻山越岭，为隐蔽在炭棚里的3个新四军伤员送去食物，下午背着一篓炭回家。丈夫姚老五每隔一天挑一担炭步行30多里到茂林去卖，再买回一些粮食和生活用品，由妻子陈六香送上山区。从此，这三位特殊的“客人”，在姚老五的炭棚里住了三个多月。

住在深山老林的陈六香一家，每年只收少量的玉米杂粮，主要靠卖炭买柴养家糊口，现在多出炭棚里三位“客人”的吃喝，自家吃饭只得一半野菜“和水煮”了。特别是寒冬腊月，大雪纷飞，深山峡谷中冷风嗖嗖地刮在脸上，像刀割一样难受；吹在身上，如针刺骨，疼痛不已。陈六香总是踏着一尺多深的积雪，及时把吃的、用的送到金马坑的炭棚，家里仅有的两床破棉絮也抽出一床，给炭棚里的“客人”送了过去。每次去的时候，见其他两个人都喜欢听那个年纪大一点的招呼，陈六香问道：“你是个长官吧？怎么称呼？”这个年轻人笑着说：“我们新四军里不兴叫长官，都叫同志。我吗，是个会计，就是为同志们管管账目。”“好好好，不叫长官叫同志。听说你也姓姚，我就叫你姚会计吧。”“对，就叫姚会计。”其他两个人笑着附和说。其实，这位姚会计，既不姓姚，也不是会计，真名叫马长炎，是新四军3纵队5团2营副营长兼教导员。

可是日子长了，国民党特务还是闻到了一点消息，说陈六香窝藏新四军，把她五花大绑地抓了起来，送到泾县城里关押审讯。开始的时候，敌人以为陈六香是个山村妇女，没见过世面，好对付。

他们使出最拿手的好戏，用金钱引诱，说："只要你告诉我们把新四军藏到哪儿去了，地方上有哪些人参加了'共匪'，马上放你回家，还有重赏。"说着，把一沓钞票在陈六香的眼前晃了晃。陈六香丝毫不为所动，回答说："我一个山里的妇道人家，只知道挖山、种茶、烧炭，别的事我一点也不晓得。"敌人见软的不行，就来硬的，他们用皮鞭狠狠抽打，陈六香被打得遍体鳞伤，又上老虎凳，灌辣椒水，陈六香被折磨得几次昏了过去，却没有一句口供。敌人无奈，只得放她回家。但敌人不甘心，又把陈六香家的房子焚烧一空。

在陈六香夫妇的悉心掩护下，马长炎和其他两名突围出来的新四军干部，后由党的地下组织精心安排，安全转移到了江北抗日根据地，重新驰骋在争取民族独立、人民解放的战场上，为新中国的成立做出了重要贡献。

几十年过去了，陈六香一家人从不提当年救护新四军"姚会计"的事，也从不向政府讲困难、要救济。但党和政府一直没有忘记过陈六香陈妈妈。1964 年 11 月，中共安徽省委召开全省贫下中农代表大会，陈六香被特邀出席大会，时任安徽省人民政府副省长的马长炎特到省政府大门口迎接她。

深山来了“菩萨兵”

1938年初秋，新四军进驻泾县云岭不久，一支新四军医疗队来到茂林。医疗队的战士们穿着朴素，一顶灰军帽，一身灰衣裤，脚穿布底鞋；左臂上嵌有“抗敌”臂章，一边行军，一边喊口号：“团结起来，抗战到底！”人人显得精神抖擞，英姿勃发。

战士们被安排住进一座陈旧的祠堂里。他们一到住地，放下背包，就不顾长途跋涉的辛劳，挂出了“免费治疗”的牌子。那个时候，老百姓因为穷，很多人得了病都不去医院医治，而且乡村除了几个土郎中只能用中医看病外，也没有医院可去。所以，百姓们生了病只能硬扛着，伤风感冒，头疼脑热，抵一抵也就过去了。现在来了新四军，看病不要钱，这可是件新鲜事。于是，茂林街上的人奔走相告，消息不胫而走，很快传遍了四村八邻，前来看病的人络绎不绝，以往沉寂的祠堂，而今热闹得像一锅煮开的滚水。

茂林老街

新四军医疗队的同志以满腔的热忱和精湛的医术解除了许多人的痛苦，拯救了很多人的生命。茂林镇有所远近闻名的福群小学，任先生是这所小学里的老师。医疗队到茂林时，他的女儿正患重病，高烧不退，昏迷不醒，生命垂危。就在他一家人心急如焚、一筹莫展时，两名医疗队战士到了他家，不仅为他的女儿做了仔细的检查，还日夜守在病人身边，送水喂药，安慰家属，忙个不停。经过几天几夜的精心治疗，终于把任先生的女儿从死神那里给抢了回来。看着苏醒的女儿，任先生紧紧地握着两位新四军同志的手，平时能说会道的教书先生，这时却感动得不知从何说起了。从此，他成了宣传抗日、宣传新四军的骨干，后来又毅然参加了新四军。在他的教育和带动下，福群小学有十几个学生参加了新四军，走上了革命道路，有的还成长为将军。

医疗队的同志日夜忙碌，有时候连饭都顾不上吃。一天，太阳当顶了，他们还没有吃早饭，一位前来看病的老大娘看在眼里，急在心头，心疼地说："你们吃了饭再看病吧，不能为了我们累倒了，饿坏了身子可不得了啊！"医疗队一位戴眼镜的同志笑着说："谢谢大娘的关心，今天好多乡亲是远道而来，看了病还要赶回去，只要大家身体康复了，我们累一点饿一点值得，我们是人民的子弟兵，军民一家人嘛！"话虽这样说，可看病的群众不答应了，纷纷说："你们不吃饭，我们不看病了。"两个性子急的小伙子，跑进厨房，抬来一只饭桶，掀开桶盖，竟然是一大桶还微微冒着热气的南瓜粥，稀得水直晃荡。看祠堂的吴大爷声音哽咽着说："乡亲们，新四军为我们老百姓看病，他们不要钱，可他们自己天天只吃稀得看见影子的南瓜粥啊！"顿时，祠堂的大厅里静悄悄的，看着那一张张瘦削的脸庞，一双双布满血丝的眼睛和眼前的一大桶南瓜粥，乡亲们止不住地流下了热泪。

新四军走到哪里就把关怀送到哪里，像冬天的阳光，照在沿途群众的心坎上，使他们感到温暖，看到抗战的前途和希望。离新四军军部云岭村不远的南陵县，有个叫土塘的村子，军部移驻云岭之前，曾在那里短暂停留三个月。该村位于泾县与南陵县的交界处，早先驻在这里的国民党军队108师、144师，经常要粮草、抓壮丁、派民夫、欺民女，百般骚扰，闹得百姓惊慌不已，纷纷离家躲避。新四军进驻后，纪律严明，秋毫无犯，帮助老百姓把房前屋后打扫得干干净净。而群众最先认识到新四军是一支与国民党军不同的部队，依然是从医疗队的热情服务上。当时，一个叫陶方义的农民，腿上患了肿毒，行走不方便，就留在家里。一位战士发现后将他搀扶到部队卫生队，卫生队的医生立即给他仔细检查，包扎上药。陶方义很受感动，为表示感谢之情，第二天他买了一只鸡送到卫生队，被婉言谢绝。战士们诚恳地对他说："我们是新四军，就是当年的红军，和老百姓是一家人，为老百姓排忧解难，治疗疾病，是我们该做的事。"消息传开后，老百姓都放心地回到家里。此后不久，新四军军部在土塘召开了300多人的群众大会，宣传共产党的抗日主张。

新四军用实际行动赢得了江南人民的信任，老百姓从一开始躲他们，到后来亲近他们，最后离不开他们，打心眼里把他们当成了救灾救难的"菩萨兵"。在新四军的感召下，群众被压抑的抗战热情如火山喷发，纷纷报名参加各种抗日组织。

张司令“法办”大骡子

张鼎丞(1898—1981),福建永定人,1927 年加入中国共产党,闽西革命根据地的主要创始人之一。红军时期,他曾担任中共闽西特委军委书记、中国工农红军第四军第 4 纵队党代表、中华苏维埃共和国中央执行委员兼土地人民委员、福建省苏维埃政府主席等重要职务。中央主力红军被迫长征前,毛泽东曾对张鼎丞说:“你还是回到闽西去,那里你熟悉,可以坚持,可以发展。”张鼎丞果真沿着毛泽东指引的路走去,在那特别艰难的岁月里擎起南方一

张鼎丞同志雕像

片天。中央红军长征后，张鼎丞任闽西南军政委员会主席，同邓子恢、谭震林等同志一起，在这个地区坚持了三年艰苦卓绝的游击战争。抗日战争初期，张鼎丞任新四军第2支队司令员。

由坚持南方三年游击战争的老红军组成的新四军，是共产党领导的人民军队，军部领导从新四军成立伊始，就十分重视保持人民军队的本色，发扬艰苦奋斗的光荣传统，分别用"保、持、发、扬、优、良、传、统"八个字，作为部队各团对外的代字。如1团叫"保团"，2团叫"持团"，3团叫"发团"，依此类推。中共中央东南分局书记、新四军副军长项英几乎逢会必讲保持和发扬红军的优良传统，他还专门写过一篇文章，题目就叫《保持和发扬新四军的优良传统》，指出"我军的一切优良传统，是构成我军战斗力的因素、坚强战斗力的基础，使我军能够以最劣等武器对抗优势之敌，能够逐渐由劣势转为优势，这是革命军队的特点，也是革命军队能够最终战胜敌人的基本条件之一。"项英在文章中特别强调，军队要与民众打成一片，自觉遵守纪律，把艰苦奋斗坚持到底，培养和发扬优良的战斗作风。

所以，新四军在东进抗日、挺进敌后战场的过程中，以自己的模范纪律和战斗精神，同前一个时期纷纷从上海、南京前线溃退的国民党军形成鲜明的对比，老百姓把新四军当作自己的保护神，称赞新四军是"仁义之师"。张鼎丞"法办"大骡子的故事，就是在他率部东进抗日的途中发生的一件奇事。

新四军第2支队的战士们都知道，司令员有一头十分爱惜的大骡子，不论是在行军还是战斗中，这头大骡子与司令员都形影不离，为司令员建立了不少的"功勋"，可是，张鼎丞司令员为什么要把它当"罪犯"一样"法办"呢？

事情的原委是这样的：1938年夏，张鼎丞司令员奉命率新四军第2支队3团、4团东进江南敌后抗日。6月中旬，部队进入江宁、溧水、芜湖、当涂、宣城、高淳等县。9月，第2支队司令部机关移至宣城县（今宣城市）狸头桥地区，司令部驻狸头桥附近的红杨树村。在村里，新四军官兵向群众宣传新四军的宗旨，宣传共产党的抗日主张，官兵们还给群众建桥修路，军医替群众治病。很快，官兵和群众处得很熟。群众常常和官兵们在一起聊天，一起联欢。特别是村里的小孩子几乎天天和战士们在一起玩闹。这天，一个叫来刁的9岁小男孩，因为以前没见过“骡子”这样大的动物，就乘大人不注意，溜到拴骡马处，对着司令员的骡子左看右看，还不满足，觉得这个骡子好玩得很，就好奇地伸手去摸了一下，当他的手一接触到骡子时，骡子猛地回头在他左肩上咬了一口，顿时，小来刁吓得“哇哇”直哭。值班战士发现后，赶快向张司令员报告。

张司令员看完来刁的伤势后，对军医说：“要想尽一切办法，尽快治好小孩子的伤口。”说完他快步走向闻讯而来围观的群众，大声宣布：“把这匹骡子就地宰掉！”接着张司令员分开人群走到骡子身边，严肃而又惋惜地对骡子说：“大骡子，大骡子！以前你跟随我南征北战，立下了不少功劳，可你今天违犯了群众纪律，伤害了人民，再大的功劳也不行，我不得不法办你呀！”他的话音刚落，一位老伯说：“首长，可不能这样做啊，骡子是牲畜，不懂人事，就饶了它吧！”接着一位战士也报告说：“首长，我们运输任务不轻呀，宰了骡子以后行军怎么办？”张司令员果断地说：“运输任务另想办法。它一再伤人犯罪，情理难容，谁也不能替它说情，执行吧！”说罢，挥手离去。大骡子终于被牵到村头宰掉了。张司令员还嘱咐管理员付给小孩家人4块银圆、两套衣料，作为疗养费。

经过三个月的医治，来刁的伤口痊愈了。张司令员得知后很高兴。那个当年被大骡子咬伤的小男孩长大后，虽然左肩留下一块伤疤，但他常现身说法，向人们传颂这个生动的新四军爱民故事，听者无不啧啧称奇。

大生产运动的标兵

延安简易的露天会场，泥土地上坐着黑压压一大片八路军干部战士，正精神抖擞地听着毛主席用他那充满神奇力量的湖南腔做报告。毛主席问道："同志们，国民党顽固派调动了几十万军队，围困封锁我们边区，想困死我们，饿死我们，我们能等死吗？""不能！"指战员们高声呼喊。"那我们能解散吗？"毛主席又问。指战员们又齐声高喊："不能！"这时，毛主席提高了声音："好！那么，我们就动员起来，与敌人的经济封锁和军事包围做坚决的斗争。对敌人的经济封锁，我们的态度是：自己动手，丰衣足食，生产自救！对待敌人的军事包围，我们的态度是：针锋相对，寸土必争！"

毛泽东主席的题词

这是怎么回事呢？原来，抗日战争进入相持阶段后，国民党顽固派采取了消极抗日、积极反共的政策。蒋介石不仅克扣甚至取消了八路军、新四军的军饷，还调动了几十万大军，对陕甘宁边区实行了军事包围和经济封锁，给根据地军民造成了极大的困难，弄得根据地军民没有油盐吃，没有衣穿，脚上没有鞋子，冬天没有被子，写字没有纸张，等等。为了战胜困难，打破封锁，又不增加根据地人民群众的负担，党中央决定各根据地开展大生产运动，依靠自己的双手解决吃饭穿衣问题。1941 年初，八路军总司令朱德正式命令王震将军率 359 旅 7000 多名将士进驻延安南部的南泥湾地区开展大生产运动。这不，毛主席正在给干部战士作动员报告呢。

南泥湾位于延安东南部，距延安 45 公里，是到延安的必经之路，是延安的南大门。两百年前，这里曾是人烟稠密的地区，土地肥沃，车水马龙，一片繁华景象。后来清政府制造回族和汉族之间的民族矛盾，相互残杀；到民国初年军阀横行，土匪抢劫，百姓无法生活，相继逃亡，这里变成了一片荒山野岭。这时的南泥湾，只见树木参天，人烟稀少，荆棘丛生，狼豹黄羊满山窜，土匪和国民党顽兵游勇隐藏其间，经常骚扰边区百姓，打劫过往商旅。

359 旅进驻南泥湾的历史使命，政治和军事上，就是保卫延安的南大门，保卫党中央，保卫边区人民生命财产的安全；经济上，就是开发南泥湾，发展生产，保障陕甘宁边区的物资供给，为各根据地的大生产运动起到示范作用。

南泥湾是汾川河的发源地，水源充足，土地肥沃，正是开展大生产的好地方。359 旅旅长王震将军等旅团首长走遍南泥湾地区，结合这里的山形地貌特征，多次开会研究开荒屯田方案，多次召开全旅指战员动员会，集思广益，论证方案，最后确定了开展大生产的指导思想和经营方针。

他们提出“不让一个人站在生产线之外”的口号，上自旅首长，下至炊事员、饲养员，一律参加生产。由旅首长和各团团长组成生产委员会，负责领导生产。王震旅长下令：“干部要以身作则，不要指手画脚，要动手动脚。”每个连队挑选生产经验丰富的同志组成10到14人的生产组，专门负责生产。其余同志一律以8个月的时间进行训练，2至3个月的时间参加生产，留1个月时间为机动时间，用来保证完成生产任务和帮助当地老百姓的农业生产。

为了更好地组织生产，各级还请边区劳动模范担任生产副官。南泥湾著名劳动英雄朱玉寰，已经70多岁了，不辞年高来部队指导农业生产，他和部队有着深厚的感情，深受将士的尊重。后来他要求参军，当即得到王震旅长的批准，委任他为旅生产副官。在开荒生产中，战士们一边虚心向生产副官学习，一边交流总结生产经验，不断提高耕作技术。邀请边区著名劳动英雄吴满有、杨步浩等来部队当教员，开设“临时训练班”，把训练班开到山上，实地指导教学耕作技术要领。这个训练班可以说天下少有，穿着破烂的棉袄和油光的羊皮坎肩的农民教员，一个一个站到台上讲课，359旅将士们一排一排地坐在下面认真听讲，不时记着笔记。

根据生产副官的建议，长狼牙刺的荒地肥沃，战士们专挑长狼牙刺的山头，一座山一座山地开荒。为了提高开荒速度，他们将镢头从五寸宽改为七寸宽，重量从二斤半变为三斤。为了改善部队伙食和积蓄肥料，359旅战士们还大力开展养猪、养羊、养牛、养鸡等副业生产。为了保证猪的繁殖，减少猪羊的死亡，战士们自己动手为猪羊打窑洞，把猪羊吃食、大小便和睡觉的地方，都用木栅栏分开；猪圈和羊圈周围都打土墙，以防虎狼等野兽侵袭；通过按时喂食和打扫卫生，保护猪羊不得瘟病。战士们冬天顶着寒风外出放羊，闲暇时收割秸秆和野草，保证羊群过冬。平时改善伙食，战士们就围猎捕获野兽，有野猪肉、野羊肉、狼肉、豹肉、野兔肉、野鸡肉等，当时战士们的伙食中肉食很丰盛。经过359旅干部战士几年的艰苦劳动，南泥湾彻底改变了荒山野岭的旧模样。到1944年，359旅在南泥湾开荒种地26.1万亩，产粮3.7万石[①]，上交公

① 石，读音 dàn，市制容量单位，1石=10斗=100升=0.1立方米。

粮1万石；养猪5624只，牛1240头，羊12000多只，鸡鸭几万只；有些连还养了蜜蜂，一窝蜂能收30多斤蜂蜜。畜牧业的发展，不仅大大改善了部队的伙食，繁荣了经济，而且牲畜的粪便和污水、污物等，成为农业生产上一项主要的肥料来源；牲畜的皮毛，可以为战士们制作皮鞋、皮带、马鞍等，也可以作为商品到边区去换取部队的军需用品。

根据地军民轰轰烈烈开展大生产运动

轰轰烈烈的大生产运动得到了根据地人民的热烈拥护，边区群众各尽所能，出钱出力，支持359旅的生产，手把手教战士纺线、打铁、缝补衣服等，并且积极参与359旅开设的木工厂、铁工厂、油厂、酒厂、造纸厂、骡马店、百货商店、货栈、饭馆、理发馆、洗澡堂、合作社的生产，献计献策，呈现出一派热闹的军爱民、民拥军的景象，真是“军民团结如一人，试看天下谁能敌?”朱德总司令到南泥湾视察，看到昔日荒山南泥湾如今变成塞上好江南，诗兴大发，挥毫写下一首《游南泥湾》：

去年初到此，遍地皆荒草。
夜无宿营地，破窑亦难找。
今辟新市场，洞房满山腰。
平川种嘉禾，水田栽新稻。
屯田仅告成，战士粗温饱。
农场中羊肥，马兰造纸俏。
……

以359旅为代表的大生产运动，堪称人类军事史上从未有过的伟大壮举，是中国共产党建设人民军队的一项伟大创造。“学习那南泥湾，处处是江南。又学习来又生产，359旅是模范。”359旅开发南泥湾的事迹被词曲作家创作成歌曲《南泥湾》，传唱不衰。

黄师长的“节约经”

黄克诚(1902—1986),湖南永兴人,跟着毛主席创建井冈山革命根据地的老红军,参加过两万五千里长征。1940年,黄克诚受党中央委派,任新四军第3师师长、政治委员,兼任苏北军区司令员、政治委员。

黄克诚大将

1941年,黄克诚领导的新四军第3师驻扎在苏北地区,由于日军的扫荡封锁和国民党顽固派的“摩擦”,部队供给十分困难。粮食极为缺乏,战士们经常挨饿,几顿不吃饭是常有的事,却把节约下来的粮食送给饥荒中的老百姓;衣服穿破了补了又补,遇到雨天,在泥泞的道路上行军,战士们只能赤着脚。为解决吃饭穿衣问题,黄克诚带领干部战士开源节流,一方面自力更生,狠抓生产,上至各级首长,下至每位战士,都做到一手拿枪一手劳动,人人耕地播种。黄克诚自己种了一垄地的西红柿,松土、插苗、浇水、打尖、施肥,都自己动手。在他的精心护理下,这些西红柿长得格外茁壮,结出又红又大的西红柿,格外招人喜欢。参观者纷纷夸奖道:“这黄老头,不但打仗厉害,种庄稼也是能手呢!”

另一方面,他想着法子节约。一连好几天,他总是瞅着战士们的军帽和衣服看,像要琢磨点什么名堂来似的,瞅着瞅着,忽然把大腿一拍道:“有了,就这么办!”他把供给部的同志找来,以征求意见的口吻说："我想了一个做军装省布的办法，不知行不行？"供给部的同志一听，很有兴趣，忙问："黄师长，什么办法？快说给我们听听！"黄克诚取下自己的军帽，拿在手上，指着它说："可以在这上面打主意，你们看，军帽的帽圈上不是有折起来的布圈吗？这个布圈的作用是为了好看。我想，去掉这个帽圈，并不妨碍使用，却可以节省一点布来。"大家看着师长，谁也没吭声，心里却在嘀咕：这个黄老头，想了这么个主意，能节约多少布来？

黄克诚见无人接茬说话，又指着大家身上的军服说："还有，我们身上的这个军装也可以改改，军装的翻领也可以去掉。"

听师长这样一说，其中有位同志急了："师长，军帽没有布圈，军装没有领子，那还是军装吗？"另一个同志也说："这也省不了几尺布啊！"

黄克诚看看大家，笑着说："尽管提意见，我们民主讨论，首先听听你们供给部的意见。我考虑了很久，一顶帽子，一件领子，的确省不了多少布，可全师官兵的服装加起来，节省的数目就可观了，能减轻群众多少负担啊？你们说是不是？"同志们议论纷纷，有说好的，有说不好的，讨论了很久，最后决定采用师长的办法。

不久，全师官兵和苏北军区的同志领到了新军装，不少人穿起新军装，感觉怪怪的，就发起了牢骚："这还像军装吗？能省几尺布啊？"

听到这些反映，黄克诚专门召开了一次大会。他穿着新发的军装走上讲台，说："同志们，我们的生产自救运动，已经取得了显著成绩。但是，我们还必须精打细算，大家都懂得积沙成塔的道理。就说我们的军装吧，做了些改动，但并不影响穿着，全师几万人，省了多少布匹啊，减轻了人民多少负担啊！同志们，你们的兄弟姐妹都在乡村积极支前，我们这里节省一点，他们那里的担子就减轻一点啊！"战士们对师长的讲话报以热烈的掌声。从战士的掌声里，黄克诚知道，战士们明白了，他对着台下年轻的战士说："也许你不习惯，以为不美观，但我们今天的节省，是为了明天的丰富多彩。慢慢会习惯的，小同志，你说对吗？”小战士立正敬礼：“报告师长，开始我真嫌它难看，现在想通了。”小战士的话，引来会场一片开心的笑声。

在笑声中，大家想起师长的灰色军大衣。那件穿了多年的大衣上打满了补丁，但不管旁人怎么劝说，黄克诚总不肯换新的。熟悉黄师长警卫员的战士，一见面就开玩笑说：“同志，昨晚你忙什么，又给黄老头补大衣了吧？”“嘻嘻，还真是，昨晚又补了大半宿，实在破得没法子补了。”“扔掉算了。”“那怎么行，这可是黄老头的宝贝疙瘩！”

就是这样，黄克诚师长勤俭节约，以自己的实际行动教育和感染了身边的每一位同志。

解放战争篇

（1945 年 9 月—1949 年 9 月）

本章共选取 5 个故事。解放战争是人民实现翻身解放同国民党反动派的大决战。中国共产党的领袖以身作则，越是关键时期越是与人民同甘苦。《不要提高我的伙食标准》《邓政委的年夜饭》说的就是这样的故事。为了翻身解放，人民群众积极支前，帮助解放军，甚至不惜牺牲生命。《淮海战役中的“小推车”》《渡江战役的幕后英雄》从不同侧面反映了人民群众在解放战争中所起的伟大作用。“瓷器店里打老鼠”是陈毅元帅对解放上海的一句形象比喻，生动体现了共产党人视人民利益高于一切的高尚情怀。这些都是“军民相依、艰苦奋斗”长征精神的继承和发扬。

不要提高我的伙食标准[①]

解放战争进入最紧张的时刻，毛主席办公室里的灯光经常是彻夜不熄。各个战场的情况纷纷汇集到这里，部署全军战略性行动的指示又从这里发出去。毛主席身边的工作人员看到他日夜操劳，都为他的健康担心。伙房里的同志多次试着给毛主席提高伙食标准，都被制止了，他说："每顿饭只吃一个菜！"

解放战争时期的毛主席

① 根据百度资料编写。

这天，食堂管理员又想给毛主席多炒两个菜，可多做了菜，怎么才能给毛主席送去并让他吃下呢？他觉得事先就要想好办法。正想着想着，毛主席的警卫员小马来伙房打水，管理员一见小马，把腿一拍，说："办法有了！"

管理员把小马拉到跟前，问："主席这几天是不是都在通宵工作？"小马点了点头。管理员说："主席工作越紧张，咱们越应该注意他的身体健康，你说是不是？"小马又点了点头。管理员说："保证毛主席的身体健康很重要的一条就是伙食。我想……"他把嘴巴凑到小马的耳朵边上，小声嘀咕起来。

小马听着听着，"扑哧"笑了，说："主席要是批评呢？"

管理员说："要是批评，就往我身上推。我嘛，就往大伙身上推，三推两推，不就没事了！"小马心想，是应该想办法让毛主席多吃点。他灌满一壶开水，提着走了。

警卫员一走，管理员在伙房里便忙开了。他把米饭蒸熟，把炉火捅旺，刷净炒勺，熟练地炒起菜来。一会儿，小马来端饭了，一个辣椒炒豆腐，一个菠菜拌粉丝，还有一个肉丝炒小油菜。小马看看这盘菜，瞧瞧那盘菜，高兴地抓住管理员的手，说："这几个菜都是毛主席平时喜欢吃的啊！"管理员没有说话，只是微笑着点点头，目送着小马把饭菜端走了。小马走后，管理员的心并没有放下，生怕毛主席把菜给退回来。他顺着灶边踱来踱去，不时看看墙上的小闹钟。10 分钟过去了，20 分钟过去了，小马还没有回来，管理员的心渐渐地踏实了。他走到窗前，踮起脚跟，看着毛主席的房间，心想：告诉炊事员，就用这个办法，得空就给毛主席改善改善伙食。他越想越乐，收拾了一下炉灶，叼上旱烟袋，笑呵呵地到外面散步去了。

管理员在外转悠了一会儿。估计毛主席已经吃完饭了，便慢慢走了回来，坐在外院的磨盘前抽旱烟。他看见小马端着碗筷从大门口走出来了，又没看到剩菜，高兴地迎上去，说："你的任务完成得很好。我做菜，你端菜，虽然多费一道手续，可毛主席总算把菜吃了。”小马把嘴一咧说：“啊！你还以为主席把菜吃了呢，你数数有几只盘子？”

管理员一看，愣住了，忙问：“怎么就只有一只盘子？”小马说：“那两个菜还在桌上摆着呢！主席一口也没吃。”

管理员听到这里，拉起小马就朝毛主席的房间走。他们走进毛主席的房间，毛主席已经开会去了，只见桌上原封原样地放着两个菜。管理员问：“毛主席说什么来着？”小马说：“主席见多了两个菜，就问我是不是来了客人？我说没来客人。主席又问，是不是大家都改善生活？我说不是。主席问，那为什么多了两个菜？我只好实说管理员为照顾您的身体，特意为您做的。主席听后，说：‘我身体很好，告诉管理员不要提高我的伙食标准。’主席原想把多下的两个菜退回去，又怕同志们不满意，说：‘别退了，留着中午、晚上热热吃吧！’”

管理员一边听着，一边说：“毛主席呀，你心里装着全中国，就是想不到自己啊！”

邓政委的年夜饭[①]

1947年，解放战争进展到了一个关键时期。悍然发动内战的蒋介石在全面进攻解放区失败后，不得不收缩兵力，重点进攻中共中央所在地陕北延安和山东解放区，企图寻找共产党部队进行决战。为了打退敌人的重点进攻，毛主席、党中央决定刘伯承、邓小平率领中原野战军千里跃进大别山，威胁南京、武汉，将战火烧到国民党统治区。

1947年8月7日，根据中央的命令，刘邓大军4个纵队12万人，在150公里的战线上，以排山倒海之势，强渡黄河，挺进中原，揭开了人民解放军战略进攻的序幕。刘邓大军挺进大别山吓坏了蒋介石，他急调33个整编旅围追堵截。但是，刘邓大军摧枯拉朽，连续解放了20多座县城。

1947年冬天，大别山白雪皑皑，邓小平率领刘邓大军前方指挥部和警卫团，来到金寨县楼房湾村，在村中周家老宅里建立了前线指挥部。同行的有李先念副司令员、李达参谋长等，鄂豫皖军区的段君毅政委也陪同前来。金寨县地处鄂豫皖三省交界处，境内四周多山，关寨环立，形势险要，具有重要的战略地位，历代多为兵家必争之地。而今，这处老宅的后排正房里，一盏擦得锃亮的马灯放在供桌上，房屋正中火塘上燃烧着刚刚从山上砍来的劈柴，桌上放着几本书和几个搪瓷茶杯。这一切看起来太普通了，普通得让人想象不到这是10万大军的心脏，觉察不出这间小屋里的决策将

---

① 根据百度资料编写。

影响人民解放战争的历史进程。第二天，邓小平在这里召开了鄂豫皖边区十余个县市委主要负责人会议。他亲自调谐着一台半导体收音机的波段，让与会人员收听了毛主席在中共中央会议上所做的报告《目前的形势和我们的任务》。听完广播，邓小平兴奋地对大家说："毛主席的重要报告，大家都听清楚了吧，中国人民解放战争已达到一个新的转折点，我们已由战略防御转入战略进攻，只要我们继续努力奋斗，黑暗即将过去，曙光就在前头，革命的胜利很快就要到来！"

挺进大别山雕塑

除夕这天，金寨县委书记张延积领着一班人拿着慰问品——麻糖、花生、羊肉，还有一只鸡来看望邓小平，并要他收下老区人民的一片心意。邓小平热情地接待了客人，谈了工作，还拉了家常。邓小平说啥也不收礼品，他问张延积："你是从哪里收罗来的这些好东西？"张延积说："今天是除夕，乡亲们凑集了一点东西，来慰劳首长。"

邓小平风趣地说："嘿，真是'山中无万日，寒尽不知年'啊！"

“那，首长就收下吧！”张延积恳切地说道。

“不行，”邓小平语气严肃地回绝了金寨县地方领导的好意，“群众生活够苦的了，这些东西原样还给他们！”张延积等人见邓小平态度坚决，有些着急了，说：“是否把东西留下，折价还给群众？”

邓小平说：“不行，正因为要过年，群众更需要这些东西，要全部退还群众，一点不留！”鄂豫皖军区政委段君毅也过来帮忙说：“邓政委既然这样定了，你们就把东西退还给群众；顺便到群众家里看看，给他们拜个早年。”

张延积等人只好拿着慰问品走了。警卫员拨弄着烧得正旺的火堆说：“不收慰劳品，买总可以吧！把东西退回去，看你们过年吃啥？”邓小平一边扇火，一边笑着说：“不要噘嘴嘛！哪有花钱买慰劳品的呢？我想你准有吃的东西，快拿出来吧！”

警卫员说：“只有几块麦饼，又冰又硬，还有一点枣子！”

邓小平笑着说：“你看，这不挺好嘛，把麦饼烤烤，就着红枣，蛮好的一顿年夜饭嘛！”于是大家围坐火旁，嚼着麦饼，就着红枣，迎来了一个崭新的春天！

小推车与生死大决战[①]

1948年冬天，在以徐州为中心的广阔土地上，淮海战役鏖战正酣。在这场歼敌55万人的大决战中，中国共产党发动了543万民工支援前线，共出动88万辆小推车，30.5万副担架，牲畜76.7万头，船8539只，汽车257辆，向前线运送弹药1460万斤、粮43400万斤，并向后方转运伤员11万余名。在战役的最关键阶段，后方支前民工与参战兵力的比例甚至达到了9比1。陈毅元帅曾经非常深情地说过一句名言："淮海战役的胜利是人民群众用小推车推出来的。"

为鼓励民工支前的积极性，中原解放区发布了《禁止无偿派差，实行给价包运制度》的公告，给予出差民工一定补偿。公告规定："凡前后方部队、政府机构、学校、工厂、医院、兵站及其他任何机构、任何个人所有搬运武器、弹药、机器及一切粮草物资等，概应依照规定运费按工给价，或按件给资。一律禁止无价派赴，禁止只分伙食不结工资之义务运输制度。"华东支前委员会决定在民工来往的道路旁设立民站，每30里设一小站，60里设一大站，给运输粮食物资的民工提供茶水与饭食，每一站至少要聘请1名中医为民夫治病。

无数纯朴的农民，把这场改天换地的战争与自己翻身解放水乳交融地连在一起，他们告别亲人，义无反顾地走上前线，随解放大军一起行动，部队打到哪里，他们就把物资送到哪里。1948年

① 根据百度资料编写。

秋，山东农民唐和恩带着原来要饭时用的小竹棍，从家乡莱东县出发，带领着小车队跋山涉水、日夜奔走5个月。自己吃“三红”（红高粱、红萝卜、红辣椒），省下小米、白面给部队。遇到刮风下雨，把蓑衣、棉衣脱下来盖在军粮上。唐和恩的竹棍上，刻下了他所经过的每一个地方：水沟头—平度—临淄—蒙阴—临沂……包括江苏、山东、安徽三个省88个城镇和村庄。

淮海战役中的支前民工担架队

陈官庄是淮海战役歼灭战的主战场，也是淮海战役结束的地方。在这里，中国人民解放军打败了国民党杜聿明集团，俘获了国民党中将司令杜聿明，实现了淮海战役的全面胜利。为了阻止山东枣庄的民工向陈官庄前线运送物资，国民党中央军派飞机不断地对枣庄地区进行扫射和轰炸。当时白天大家躲在家里，晚上便组织壮劳力到前线运送粮食。褚庆新家住山东省枣庄市峄城区阴平镇朱沟村，是这支民工队伍中普通的一员。18岁的褚庆新随着村里的送粮队到河南永城，别人一车推300斤，他一车推400斤。支前是件相当危险的事儿，白天国民党中央军的飞机不断地狂轰滥炸，支前民工们只能边躲边走。一路上不能生火做饭，不能抽烟，怕暴露目标，饿了啃几口从家里带的煎饼，昼夜赶路，腿肿了，鞋破了，脚上起了一个个水泡。褚庆新咬住牙，坚持不掉队。就这样，车队辗转数百里，把军粮送到了永城陈官庄解放军的手中。

安徽省濉溪县百善镇程松园子村的程祥庆老人，提起当年在淮海战役中支前的事，总有说不完的话。1948 年底的大雪比哪一年下的都大。那年冬天，20 岁出头的程祥庆牵着驴，到双堆集为解放军送粮。累了他就在路边的高粱地里歇会儿，饿了他就吃点红薯，渴了他就喝点地上的雪水。天上飘着鹅毛大雪，刚做的新鞋舍不得穿，揣在怀里，赤着脚在雪地里走了 50 多公里才赶到双堆集战场。有一次，程祥庆在战场上运送伤员，为了不让伤员受到第二次伤害，飞机扫射时，民工们赶紧用身体护住伤员，有一位老乡当场被打死。程祥庆说："为人民能翻身解放，就是死，也死得光荣，死得值！"

同样感人的故事还发生在河南省永城市演集镇汤梁庄汤继祥身上。淮海战役期间，他婚后第 5 天，村里有 10 位年龄差不多大的小伙子到安徽省濉溪县南坪集支前，汤继祥主动报了名。当时，妻子拉住他的手说："村里还有很多人，就你积极！刚结婚，就不能在家多待两天？"汤继祥说："解放军拼死拼活地为老百姓打国民党反动派，打地主恶霸，连命都丢掉了，你说咱能安心在家过日子吗？分开几天又算得了什么，等全国解放了，天天都能过上好日子。"一连 47 天，汤继祥把"蜜月"丢在了战火纷飞的支前路上。

当年，豫鲁苏皖人民提出"一切为了支援前线""倾家荡产，支援前方"的豪迈口号。各地涌现出许多父子争着上前线、妻子送郎去前方的动人场面。妇女们为了不让子弟兵受冻，不分昼夜地缝制棉衣、棉被，甚至把自己的棉衣棉被拆了给子弟兵做衣做鞋。他们，对淮海战役的胜利，做出了不可磨灭的贡献。

渡江战役的幕后英雄

20 世纪 70 年代，有一部风靡全国的电影《渡江侦察记》，深受观众喜爱。这部电影讲述了渡江战役前夕，我人民解放军某部侦察英雄李连长，带领侦察小分队偷渡长江，在江南人民的支持下，深入敌人江防炮兵阵地侦察，最后成功将情报送回江北指挥部，使我炮兵精准摧毁了敌人江防工事，为百万雄师一举突破国民党反动派几十万军队苦心经营的长江天险做出了重大贡献。这部电影并非作者虚构，而是根据真实的渡江侦察故事改编而成。

电影《渡江侦察记》海报

1949 年 8 月 4 日，渡江战役总前委书记邓小平在北平（今北京）出席新政治协商会议筹备会时，曾很自豪地向会议代表报告说："群众支持、地下党和游击队的配合"是人民解放军突破长江天险的重要原因，"我们曾开过去一支部队，埋伏了十天，敌人还不知道。”这是怎么一回事呢？渡江侦察英雄李连长的原型又是谁呢？

原来，淮海战役胜利结束后，人民解放军“旌旗南指大江边”，百万大军齐集在西起江西九江，东至江苏江阴的1000多华里的江岸上，厉兵秣马，只等党中央一声令下，就打过长江去，直捣蒋介石的老窝，推翻国民党反动政府，解放全中国。可是，参加渡江作战部队的战士基本上长期在北方平原、山地作战，缺乏水上作战经验，特别是北方籍战士从小很少接触水，对乘着简陋的小木船去征服自古号称天险的长江，突破敌人工事坚固、火网密集、由陆海空军联合组成的江防，普遍存在顾虑，一时纷传“江无底，海无边”“长江无风三尺浪，有风浪三丈，过江可不是好玩的”等说法。为了查明敌江防布置及江南敌后纵深情况，打消渡江前部队对长江的恐惧心理，并从实战中消除“木船不能渡江”的疑虑，提高部队渡江的信心和决心，渡江战役前夕，中国人民解放军第三野战军第27军根据中央军委和渡江战役总前委的指示，决定组建“先遣渡江大队”，选派81师242团参谋长亚冰担任大队长和党委书记，大队队员300多人由军部侦察营和各师挑选出来的侦察骨干组成，先行渡江执行侦察任务，同时在大军渡江之际以积极动作接应主力渡江。亚冰，就是电影《渡江侦察记》中侦察英雄李连长的人物原型。军首长之所以挑选亚冰担此重任，除了他出色的军政素质外，一个重要原因，他是皖南歙县人，抗日战争时期，在皖南战斗多年，熟悉皖南情况。

渡江侦察英雄亚冰(右)与中共沿江支队政委孙宗溶1991年合影

因此，领受这一事关渡江战役大局的光荣任务后，亚冰特别高兴，他和渡江先遣大队的全体战士向军首长保证：“我们一定要渡过长江去，我们一定能渡过长江去。”“有我们在，任务就保证能完成！”

先遣大队的成员不会游泳，一开始也是见了水心里就发毛。为此，战士们开展了紧张的战前练兵，主要以渡江登陆战斗为重点，熟悉水性、学会划船、航渡组织、登陆突破以及射击、游泳、救护等。学会游泳后，又练武装泅渡，练划船掌舵，练格斗擒拿，练滩头登陆，练攀登绝壁……凡是渡江作战中能用到的武艺，样样都练，结果人人都练出了一身好"武艺"。经过周密的部署准备和对敌情的了解判断，1949 年 4 月 6 日深夜，先遣渡江大队 300 多名干部战士一举渡江成功。战士们以果敢勇猛的动作，抢占敌人滩头阵地，扑向敌堡，打垮了守敌，迅速越过敌江边前沿防线，克服种种困难，一夜急行军 60 多里，直奔铜陵和繁昌交界的狮子山。后在江南人民群众的帮助下，先遣大队找到了地方党组织和皖南游击队。

12 日拂晓，亚冰带领渡江先遣大队到达泾县北贡乡陈塘冲，与皖南游击队沿江支队支队长陈洪和南陵县委书记陈作霖等人见面。两天后，沿江支队政委孙宗溶和副支队长李友白率沿江支队主力赶到陈塘冲，与先遣大队会师，召开各县委书记和游击队长会议，全面部署开展江边及纵深敌情侦察活动。先遣大队与皖南地方党和游击队会师，如虎添翼，如鱼得水，迅速立稳了脚跟，打消了渡江前存在的"渡过江去也站不住脚的疑虑"。

先遣大队过江后，受到了皖南人民的热情支持。"解放大军过江了！""当年的新四军回来了！"消息像一声春雷，震荡着皖南的山岭。人民奔走相告，扶老携幼来看望。游击队员握住战士的手，乡亲们问寒问暖，烧水做饭，腾铺让房……山村里像过新年、逢喜事一样，一片欢腾。当时，正值春荒，群众生活艰难，陈塘冲的百姓看到战士们没有菜吃，就上山挖野菜送给部队；看到战士们缺鞋穿，妇女们两三天内就突击做了 100 多双军鞋。有位年近八旬的老大爷，听说解放军过江来了，赶了 80 多里山路来看望。庄里村有位 70 多岁的老妈妈，惦念着山上站岗的战士们，让小孙子陪着，带着一篮香喷喷的锅巴，拎着一壶热茶，拄着拐杖，爬上山送给战士们，战士们感动得热泪盈眶。

在江南地下党组织和游击队的帮助下，先遣大队神出鬼没地开展江南敌后斗争，像插入敌人软腹部的一把利刃，搅得镇守江防的敌人寝食不安。先遣大队一面热火朝天地练兵、练刺杀、练投弹、练爆破，向游击队学习江南水网地带的作战经验；一面在江南游击队的配合下，积极开展敌后侦察活动，将江防敌军部署、兵力调动、编制装备、作战能力、指挥系统、炮兵阵地、舰艇活动以及地形交通、内河粮站、风俗民情等，通过电波源源不断地传到江北军部。这些重要情报，为大军渡江作战提供了非常有价值的参考资料，为各部队制订具体渡江作战方案和中央军委及时、正确地下定渡江决心，提供了有力的依据。

1949 年 4 月 20 日 20 时 30 分，中路渡江大军根据中央军委和总前委的指示，率先发起渡江战役。人民解放军万炮齐轰，敌人的江防工事顿时灰飞烟灭，到处是一片火海。渡江部队大小船只飞驶江心，千帆竞发，万桨击水，一齐向南岸突进。游击队按预定时间准时剪断电话线。敌人失去联系，陷入一片混乱。凡有敌人的地方，游击队都点燃火堆，给江北解放军的大炮指示射击目标，有力地杀伤了敌人，使敌人陷入极度恐慌之中。21 日 3 时，27 军指挥所随渡江部队踏上江南的土地，聂凤智军长、刘浩天政委接见先遣渡江大队的全体同志，军首长与先遣大队的英雄们一一握手，连声称赞说："打得好，打得好，你们完成了历史性的先遣渡江任务。你们辛苦了！"接着就布置了新任务："敌人已全线溃逃，我们要乘胜追击南逃之敌，你们现在还不能休息，还要比大部队跑得更快些，把敌人的情况摸清楚，随时向军里报告。"肩负新使命的亚冰告别了军首长，带领部队精神抖擞地向南挺进。

瓷器店里打老鼠①

1949年4月底5月初，人民解放军百万雄师强渡长江后，国民党反动派的军队兵败如山倒，纷纷向浙赣线及杭州、上海逃窜。蒋介石急忙调兵遣将，任命汤恩伯为“淞沪防卫司令部”总司令，企图固守上海，垂死挣扎。

上海是当时中国最大的工商业城市，也是著名的国际化大都市，在世界上有很重要的地位。战上海之难，难就难在既要攻取上海，又不能打烂上海，其难度之高，正如陈毅当年的形象比喻：“进上海，是瓷器店里捉老鼠，又要捉住老鼠，又不要撞坏一件瓷器。总之，是要实现军政全胜。”因此，战上海不仅是人民解放军发扬连续作战的优良作风，对国民党重兵扼守、坚固设防的大城市进行的一次攻坚战，同时也是一次不同寻常的极为艰难的攻心战。

根据中央军委和战役总前委命令，人民解放军第三野战军主力在粟裕将军的指挥下，5月12日对上海发起进攻，尽可能在敌军重点设防的郊区外围展开决战，战斗至5月25日晨，解放军全部占领苏州河以南地区，乘胜向苏州河以北追击。这时，在苏州河以北负隅顽抗的有国民党第37军、51军、123军以及部分交警部队，其中以37军最具战斗力，配有美式装备，受蒋经国领导，素有“太子军”之称。此外，那交警部队也不是指挥交通的警察，而是国民党军队中轻武器装备最强的作战部队。困兽犹斗，这些国民党残敌据守着高楼大厦和工厂、仓库等坚固建筑物，以及桥上地堡等

---

① 根据百度资料编写。

工事，在坦克、装甲车的助阵下，向解放军猛烈射击。

人民解放军直插上海市中心

由于禁用火炮和炸药，严重遏制了解放军的战斗力。我 27 军所部从拂晓攻至正午，就是跨不过这条 30 米宽的苏州河。看着冲锋的战友一个个地倒在桥坡上，“济南第一团”1 营营长董万华怒不可遏，调来七五山炮，炮口瞄准了敌人地堡。“上级规定不准开炮打楼房、工厂，却没说不准打坦克、地堡。”于是，十几发炮弹呼啸而去，在敌地堡、坦克间爆炸，极大地压制了守敌的嚣张气焰。这是解放上海市区战斗中唯一一次动用重武器，为此董万华营长受到上级的严肃批评。

面对敌人的顽抗，而又不能使用重武器，一线指战员质问军长聂凤智：“是爱无产阶级的战士，还是爱官僚资产阶级的楼房？是我们干部、战士的鲜血和生命重要，还是官僚资产阶级的楼房重要?!”聂军长牢记陈毅司令员的叮嘱：一定要军政全胜，一定要把人民的损失减少到最低限度，同时又饱含对战友的殷殷深情。于是，他开导大家：“战士和楼房，我都爱！我跟大家一样，爱惜战士的生命，大家也跟我一样，爱惜人民的财产。现在那些楼房还被敌人占领着，再过几个小时，我们从敌人手里夺过来，它就不再属于资产阶级了，而是属于人民的财产。我们没有任何权利毁坏它，必须尽最大努力去保全它。”

面对顽敌，既要保全上海，又要爱护战士，减少牺牲，聂凤智决定改变进攻战术，在苏州河正面实施佯攻，部分主力待天黑后从侧面涉水过去，从苏州河北岸由西向东攻击，抄敌后路。79 师 235 团 3 营 7 连年轻的指导员迟浩田，奉命带领 2 名战士王其鹏、张瑞林，钻进一个地下水道，顺着臭水沟蹚进苏州河，既而潜泳过河来到对岸，在夜色的掩护下进入一幢大楼，恰好正是守敌 204 师师部。3 位勇士以大无畏的气概和迅疾果敢的霹雳手段，制伏了该师上校副师长，迫使该师师部及 3 个营 1000 余名守敌缴械投降。

迟浩田的出奇制胜，为 79 师北渡扫清了障碍，在国民党军苏州河防线的显著位置上撕开了口子。当天夜晚，国民党淞沪警备司令部副司令兼 51 军军长刘昌义，在我地下党的争取下，成功与解放军 27 军军长聂凤智秘密会晤，达成起义协议，刘昌义当即命令 51 军、21 军、123 军全体部队停止抵抗，接受人民解放军的改编。此后，他还以淞沪警备司令部副司令的名义写劝降信给其他国民党守军和交警总队。

刘昌义率部起义，不仅使国民党军苏州河防线的西半部又裂开了一个缺口，而且 51 军部分人员还被编入解放军 27 军 81 师序列，掉转枪口参加解放上海的战斗；更具震撼力的是，它进一步摧毁了上海残敌的斗志。随后，国民党 37 军军长罗泽闿不告而走，化装逃跑……

5 月 26 日，随着解放军突破苏州河防线，守敌在我强大的政治攻势下纷纷缴械投降。27 日下午 3 时，控制上海市区发电厂和自来水厂的国民党 21 军残部 8000 余人，经争取，也最终放下武器，缴械投降。至此，上海战役历时 16 天，宣告胜利结束，共歼敌（含毙、伤、俘虏、投诚等）153243 人。

为了解放上海、保全上海，人民解放军不怕困难、无畏牺牲、敢于碰硬，在攻入市区后禁用炸药与重武器，为此付出了沉重的代价，2.4 万余名指战员负伤，7612 名指战员和 72 名支前民工英勇牺牲。

社会主义革命和建设篇

（1949 年 10 月—1978 年 12 月）

新中国成立后，中国人民在中国共产党的领导下，改天换地，开始了如火如荼的社会主义建设，涌现了许多优秀人物。艰苦创业成了最显著的时代强音。伟大的实践孕育了伟大的精神，如焦裕禄精神、红旗渠精神、两弹一星精神、铁人精神、雷锋精神等。本章选取的 9 个故事中，《县委书记焦裕禄》《人工天河红旗渠》《戈壁深处的两弹元勋》《永远的王进喜》以及《雷锋的快乐事》等，就是这些时代精神的展现。而《朱老总的“勤俭经”》《与国家主席合影的掏粪工》《一心当农民的将军》《“人民的儿子”刘英俊》，则展现了国家领袖、功勋卓著的将军和人民军队保持本色、艰苦奋斗、热爱人民的美好情怀，体现了不同于旧时代的全新的人际关系。

朱老总的“勤俭经”[①]

朱德(1886—1976),字玉阶,四川仪陇人,伟大的马克思主义者,无产阶级革命家、政治家和军事家。

朱德是中国人民解放军的缔造者和中华人民共和国的开国元勋之一,中国十大元帅之首。他曾经连任人民军队的三任总司令,即中国工农红军总司令、八路军总司令、中国人民解放军总司令。朱德曾担任中共中央副主席、中央人民政府副主席、中华人民共和国副主席和全国人大常委会委员长等重要职务,被国际友人誉为“中华人民共和国历史的伟大象征”。

朱德元帅

朱德既是伟大的元帅,又是普通的士兵。他一生功勋卓著,声名显赫,同时又谦虚谨慎,平易近人,艰苦朴素,以身作则,始终保持共产党人的崇高风范。新中国成立后,朱老总虽然身居高位,可他的饮食只是家常便饭。因为工作原因,朱德常年住在城外,在食堂吃饭。除了星期六、星期日他回到中南海的家中与家人一起吃饭外,平时厨师老邓就为他一个人开饭。他的早餐是一小碗米粥,一片面包或一个小花卷或馒头;中午

① 根据百度资料编写。

和晚饭是一荤一素一碗汤，主食花样变换也有限。

厨师老邓和朱老总之间为改善伙食还产生过“矛盾”与“斗争”哩。

给朱老总做饭的厨师邓师傅，也是四川人，是朱老总的老乡。邓师傅厨艺高超，总想在首长的要求和医生规定的原则内，尽量把首长的伙食搞好，朱老总的生活秘书也常提出，要经常变换伙食花样，偶尔要加一点首长喜欢吃的东西，可以调剂着做。邓师傅为改善首长伙食确实花了不少心思。而朱老总为此与邓师傅还产生过不少次“矛盾”与“斗争”。

一天中午，邓师傅给朱老总做了红烧大对虾。朱老总问明了情况后，耐心地对邓师傅说：“老邓啊，对虾是好吃，可是你晓得吗？一吨对虾出口到国外，就能换几吨钢材哟！我们国家穷，缺钢材，对虾少吃几口没得好大关系，而出口换钢材却是要紧的事。以后记住，不要再给我买对虾了。”邓师傅笑着说：“你是首长，就是顿顿吃对虾，又能吃多少呢？”朱老总耐心地说：“国家领导人就更要想着国家，能节约一点就节约一点，反正以后不要再吃对虾就是了。”朱老总还经常和邓师傅谈心，嘱咐邓师傅：“不要每天都成席，要吃家常便饭。做菜不要学洋厨子作风，不要一只鸡只吃两条腿、一个胸脯；吃黄瓜大去其皮，白菜只吃个菜心；也不要每天大鱼大肉。我们这些人过去都是农民，是吃粗粮、小菜（他管青菜叫小菜）长大的，身体也很健康。多吃小菜有什么不好？”一次，邓师傅连续几天给首长改善了饮食。一天，朱老总吃完午饭叫住邓师傅，用幽默和加重的语气对他说：“老邓啊！你家是不是资本家啊？”邓师傅一听马上脸红了，不安地用双手揉搓着身前的围裙，笑着用四川话回答道：“嘿嘿，首长莫开玩笑！嘿嘿，首长莫开玩笑！我家怎么会是什么资本家啊？”朱老总继续和蔼地说：“不是资本家怎么那样阔气呀？从什么地方学来的洋厨子作风呢？怎么这样子忘本啊！”邓师傅紧张地回答说：“嘿嘿，我不敢忘本，没有忘本！”朱总司令听了之后，继续耐心地说：“我不让你做好吃的，不是怕花钱，这几个钱，我是出得起的，没有问题。我主要是说，要养成俭朴的习惯，一切要从六亿人民出发，我的生活水平不要超出人民生活水平之上太多了。”在场的人都被朱老总心中始终想着国家和人民的情怀所感动，深受教育。

朱德含饴弄孙

朱老总经常鼓励身边工作的同志，要能吃苦，要有朴素作风。每当看到身边工作的同志不忘本色，像劳动人民一样热爱劳动，他就忍不住要表扬几句。一天上午，他看到身边的同志忙碌的声影，就招呼他们停下来，讲了一段语重心长的话。他说：“我们每个人都要锻炼，要能吃苦，要有朴素的作风。人们都是‘从俭入奢易，由奢入俭难’。有些人本来出身很苦，但进城以后就变了，便喜欢资产阶级的那一套，不俭朴了。过去我们常告诫说，那个东西不好，而他们说那个东西就是好。要不是整风，现在还是扭不过来。我们的党是马克思主义的政党。只有我们的党才能用这么大的力量和时间来改造社会，不但要改造经济，而且还要改造思想意识和道德风尚。过去我们是真正与群众一样，在延安的时候，大家都是同样的一套军装。进城以后有一段也很好，由于我们中央的同志都是布衣服，大家也都朴素，把解放区的风尚带来了，但没坚持多久。后来我们穿上了料子衣服，大家也都穿起来了，说明旧习气不可能一下子除掉，沾染旧习气却很容易。以后我们还是要改，大家都朴素起来。”老总最后加重语气说：“生产出来的东西，除了消费还为了发展建设，单纯为了改善生活的观点是错误的。要有增产节约的思想，如果不养成朴素、节约的习惯，生产无论怎样发展，人们的欲望也是难以满足的。”

朱德修剪兰花

朱老总功高德劭，位居十大元帅之首，但他却以不在军队中担任实际职务为理由，坚决不拿元帅的工资，全家 10 多口人吃、穿、用，还有接济故乡困难的亲戚等开销，负担很重，他竟成了中南海中最“穷”的人。1960 年 10 月 30 日，朱老总以《勤俭》为题，写下了一首诗：

从俭入奢易，从奢入俭难。
勤俭建国家，永久是真言。

这首诗是朱老总一生严于律己的写照。

与国家主席合影的掏粪工①

国家主席是一国元首，掏粪工是普通的劳动者，在世俗的眼光看来，他们怎么能站在一起合影留念呢？然而，就是这种旧时代不可能发生的事，却真真切切地在新中国发生了。1959 年 10 月 29 日，《人民日报》刊登了国家主席刘少奇与一位掏粪工的合影，这位掏粪工就是享誉全国的劳动模范时传祥。

刘少奇接见时传祥

时传祥，山东省德州市齐河县人，出生在一个贫苦农民家庭。他 14 岁逃荒流落到北京城郊宣武门一家私人粪场，受生活所迫当

① 根据百度资料编写。

了掏粪工。在旧中国，掏粪工不仅受到社会的歧视，还要受行业内部一些恶势力的压榨和盘剥。时传祥在这些粪霸手下一干就是20年，受尽了压迫与欺凌。

新中国成立后，工人阶级当家做主，劳动人民有了做人的尊严。1952年时传祥加入了北京市崇文区（今东城区）清洁队，被工友选为崇文区"粪业工人工会"委员，继续从事城市清洁工作。翻身解放的喜悦令时传祥扬眉吐气，他用一颗朴实的心记住了一个通俗的道理：掏粪也是社会主义建设事业的一部分。他把掏粪当成十分光荣的劳动，以身作则，以苦为乐，不分内外，任劳任怨，满腔热情，全心全意为人民服务。

此时，北京市人民政府为了体现对清洁工人劳动的尊重，不仅规定他们的工资高于别的行业，而且想办法减轻掏粪工人的劳动强度，把过去送粪的轱辘车全部换成汽车。运输工具改善之后，时传祥合理计算工时，挖掘潜力，把过去7个人一班的大班，改为5个人一班的小班。他带领全班由过去每人每班背50桶增加到80桶，他自己则每班背90桶，最多每班掏粪背粪达5吨。管区内居民享受到了清洁优美的环境，而他背粪的右肩却被磨出了一层厚厚的老茧，因而他赢得了人们的普遍尊敬，也赢得了很多荣誉。他以主人翁的姿态，以"搞好环境卫生，美化人民首都"为己任，肩背粪桶，走家串户，利用公休日为居民、机关和学校义务清理粪便，整修厕所。当年有位妇女，迫于无奈将自己的亲生女儿遗弃在茅房里，时传祥掏粪时发现了这个女婴，并将她送到福利院抚养。后来那位移居美国的妇女委托律师寻找孩子，而她的孩子也长大成人，时传祥为她起名石解放。石解放受时传祥勤劳朴实的精神影响，立志为人民服务一辈子。找到当年丢弃的女儿后，那位妇女将百万元财产投入了北京的环保事业。

1955年，时传祥被评为先进生产者；1956年当选为崇文区人民代表，同年6月加入中国共产党；1958年被邀请担任北京市政协委员；1959年被选为全国劳动模范，参加了在北京召开的全国

"群英会"。会议期间，国家主席刘少奇和国务院总理周恩来专门接见了时传祥，周恩来总理在招待宴会上向他敬酒。国家主席热情地握住时传祥粗糙的手，询问他的工作情况。刘少奇说："你当清洁工是人民的勤务员，我当主席也是人民的勤务员。这只是革命的分工不同，都是革命事业中不可缺少的一部分。""我们都要好好地为人民服务。"刘少奇得知他没有文化时，还特意送给他一支钢笔，鼓励他好好学文化。时传祥说："我已经干了 30 年的掏粪工，只要党需要，我还要再干 30 年、60 年！党需要我干到什么时候，我就干到什么时候。"

时传祥为了干好掏粪工作，动了不少脑筋，也付出了比常人更多的辛劳。老北京平房很多，老四合院里人口密度非常大，茅坑浅，粪便常常溢出来，气味非常难闻。他遇到这种情况，总是不声不响地找来砖头，把茅坑砌得高一些。他干的这行，是没有节假日的，哪里该掏粪，不用人来找，他总是主动去。不管坑外多烂，不管坑底多深，他都想方设法掏干扫净。茅坑里掉进了砖头瓦块，他就弯下腰去，用手一块块地拣出来。

时传祥塑像

受尽苦难与翻身解放的巨大反差，使时传祥坚信"为人民服务"无比神圣。刚解放的时候，一些人认为自己当家做主了，再也不用干低贱伺候人的掏粪工作了。时传祥却认为，再脏再累的活也得有人去干，能以一人脏换来万家净，这是十分光荣的。当年，有些青年人不安心清洁工作，嫌做掏粪工丢人，总想转到工厂去。

时传祥开导他们:“北京城如果一个月没有人去掏粪,粪便就会流得满大街都是。你也愿意上重工业,我也愿意上重工业,不行啊,总得有人清理粪便啊!”

1964 年,北京环保局分配部分青年学生做掏粪工。时传祥时任崇文区清洁队青工班班长,为转变部分青工怕脏怕丑的思想,年近半百的时传祥,脏活累活抢在前,对青年工人言传身教,以“工作无贵贱,行业无尊卑;宁愿一人脏,换来万人净”的职业道德观,教育影响青年一代安于本职工作。担任北京市副市长的万里,也曾背起粪桶,跟着时传祥学习背粪,给环卫工人鼓气,一时间在北京城内传为佳话。

毛主席、刘少奇、周恩来、朱德等中央领导都曾亲切接见时传祥,鼓励他做好这一与人民日常生活息息相关的工作。1966 年国庆节前,毛主席特意把他接进中南海小住。国庆节当天,他作为贵宾被请上了天安门城楼,作为北京市观礼团副团长受到毛泽东主席的接见,参加国庆观礼活动,这是他有生以来第一次登上天安门城楼。

一心当农民的将军[①]

世界著名的政治家、军事家拿破仑说过："不想当元帅的士兵不是好士兵。"可是，一个人身经百战，终于成为令人羡慕的将军，却毅然解甲归田，弃官务农，回到生养自己的故土，当了一个百分百的农民，和父老乡亲一起，艰苦奋斗，改变家乡贫穷落后面貌，这需要多么崇高的思想境界才能做到啊！老红军甘祖昌就是这样一个不当将军当农民的人。

甘祖昌（1905—1986），江西省莲花县沿背村人，1926年参加村农民协会，1927年加入中国共产党，次年参加中国工农红军，参加了长征。在漫长的革命生涯中，他出生入死，经历过无数次枪林弹雨，先后担任过莲花县独立团军需处处长、红6军团供给部材料科科长、八路军120师359旅供给部副部长、湖南人民抗日救国军供给部副部长、晋绥军区359旅供给部部长、西北野战军第2纵队后勤部部长、第一野战军第1兵团后勤部副部长等重要职务。中华人民共和国成立后，任新疆军区后勤部副部长、部长，为国家独立、人民解放做出了重要贡献。1955年被授予少将军衔，荣获八一勋

甘祖昌将军

① 根据百度资料编写。

章、独立自由勋章、解放勋章等。

在长期的革命战争中，甘祖昌头部三次负重伤，严重的脑震荡后遗症使他感到，让出自己在部队的领导岗位有利于部队建设。领导和同志们都建议他到条件比较好的地方去长期休养，但甘祖昌说"哪里也不去，就回家乡务农"。1957年，甘祖昌带着自己的一家老小回到了家乡莲花县洋桥乡沿背村，重新当起了农民。

甘祖昌以一个普通农民的身份，满腔热情地投入了家乡的建设。回乡29年，甘祖昌和乡亲们一起，用辛勤的汗水修起了3座水库、25公里长的渠道、4座水电站、3条公路、12座桥梁。长期的实践和刻苦学习，使他积累了一定的农林水利建设经验，被江西省农业科学院聘为特约研究员。

回归农村的将军，始终保持着一位红军老战士艰苦朴素的本色。他养猪种菜，连抽的烟也是自己种的，可是，却把70%的收入捐给了家乡的建设事业，他平时为乡亲们救急解难拿出的钱，更是无法计算。

有个青年叫刘海清，从小因病不能站立，父亲又患有肝病，一家日子艰难。甘祖昌处处关心着刘海清一家。上面派医生来给甘祖昌看病，他总要把医生带到刘家。他写了十多封信去外地访医求药，一心想让刘海清站起来。后来，他得知刘海清的残腿无法治愈，又给他买书订报，出钱请师傅上门教手艺，鼓励刘海清自强自立。刘海清学到了一手娴熟的编织技术，增强了生活的信心。过了不久，刘海清的父亲刘新胜肝病复发，要住院又缺钱，全家遇到了新的困难。甘祖昌立即给县医院打电话："现在有个危重病人要入院，住院费记在我名下。"刘新胜动过手术后，脸色苍白，生命垂危。甘祖昌赶到医院一看，就不走了。他在病房里一陪就是九天九夜。刘新胜转危为安后，一把拉住甘祖昌的手，热泪夺眶而出。

为了维护乡亲们的利益不受官僚主义的侵害，甘祖昌不忘一个老共产党员的责任，敢于直言。一次，县里的领导搞形式主义，建所谓"新村"，要把农房全部搬迁上山。甘祖昌赶到县城，找到县的领导干部说:“现在群众家里还很穷,这样大拆大迁,农民一无钱,二不能种田,这样下去,难道喝西北风吗?”甘祖昌的话震撼着县委干部的心。县委立即通知各地停止拆迁民房,并组织群众下田搞好秋收秋种。

解甲归田的甘祖昌将军(右)

回乡初期,甘祖昌和两个弟弟挤在一起,三家人同住一栋旧房子。民政部门几次要为他在县城盖房,都被他婉言谢绝。后来,甘祖昌家里人口增多,莲花县老房子实在挤不下了,他才自己花钱在村里盖了一栋普通民房。一次,省民政厅厅长来看他,要补给他建房费,他说什么也不要。新疆军区几次提出要给他配备小车,他同样坚持不要。

当了农民的将军,以普通党员身份,坚持和农村党员一起过组织生活,从不无故缺席;他尊重乡、村干部,从不摆老干部架子。对待子女、亲属,他言传身教,谁有了过失,从不姑息迁就。一次,他的弟弟因盖房多占了队上一分宅基地,甘祖昌知道后,硬是动员弟弟把多占的地全部退回。他的弟弟感到憋屈,责问他:“你有官不当,有福不享,有钱不花,我们也没有跟着你捞到一点好处,到底图个啥?”甘祖昌平静地回答道:“我们干革命不是为了个人升官发财,不是推翻一个剥削阶级再培植一个新的特权阶层。我们干革命是为了解放全人类,实现共产主义!”这些话,在今天听来,依然振聋发聩!

甘祖昌后来因病住进县医院。鉴于他的病情,他必须用一些好药。县里紧急向省、地医院求援。甘祖昌知道后,一再不让这样做。为了节省国家开支，他每次买药都是自己出钱，光是未报销的药费就有5000多元。他的大女儿平荣很想当兵。甘祖昌耐心地开导女儿说："就那么几个招兵指标，这里又有多少烈士的后代想去当兵啊，还是先让他们去吧！"这以后，平荣又想去新疆当兵，她对父亲说："去新疆不占这儿的指标，你又是那儿的老部长，只要你一句话，准能办成。"甘祖昌说："新疆有新疆的指标，你插进去，不就打乱了国家的招兵计划吗？"直到后来，平荣在吉安卫生学校读书，部队到学校招卫生兵，她才如愿以偿。

1986年3月23日，甘祖昌因病在莲花县逝世，在生命的最后时刻，他交代老伴龚全珍："领了工资，先交党费，留下生活费，其余的全部买农药化肥支援农业。"甘祖昌逝世的噩耗传出后，沿背村的数百名村民不约而同地拥到将军居住的老屋前致哀，许多人失声痛哭。1986年4月1日，甘祖昌的遗体被送往萍乡火化。灵车过处，百里长途，村村庄庄，人们肃立在公路两旁，向这位无私地为人民服务了一辈子的老将军表示最后的敬意。

县委书记焦裕禄[1]

1966年2月，新华社播发长篇通讯《县委书记的好榜样——焦裕禄》，全面介绍了中共河南省兰考县委书记焦裕禄一心为民的感人事迹。全国亿万人民驻足聆听，从此焦裕禄这个响亮的名字，在中华大地上成了"人民公仆"的代名词，家喻户晓，妇孺皆知。全国各种报刊先后刊登了数十篇文章通讯，在全国掀起了一个学习焦裕禄的热潮。焦裕禄成为各级干部特别是领导干部学习的榜样。

焦裕禄（1922－1964），山东省淄博市博山县（今淄博市博山区）北崮村人。焦裕禄幼年家贫，因生活所迫，只读了4年小学就辍学在家参加劳动。抗日战争时期，焦裕禄的父亲被日寇逼死，他也被日寇抓去毒打、坐牢，被押送到辽宁抚顺煤矿当苦工，后设法逃出魔窟。1946年，焦裕禄在家乡加入中国共产党，参加革命。1948年，他随南下工作队前往河南省尉氏县，任区委副书记兼区长。新中国成立后，焦裕禄先后任共青团郑州地委第二书记，洛阳矿山机器厂临时公路总指挥等，并被组织上送哈尔滨工业大学、大连起重机厂机械加工车间进修。1962年年底，焦裕禄被调任兰考县委书记。

兰考县地处豫东大平原黄河故道，是个饱受风沙、盐碱、内涝之患的老灾区。焦裕禄踏上兰考土地的那一年，正是这个地区遭受连续三年自然灾害较严重的一年，粮食产量全省倒数第一。当

① 根据新华社通讯编写。

时“展现在焦裕禄面前的兰考大地，是一幅多么苦难的景象呵！横贯全境的两条黄河故道，是一眼看不到边的黄沙；片片内涝的洼窝里，结着青色的冰凌；白茫茫的盐碱地上，枯草在寒风中抖动”，群众纷纷背井离乡，逃荒要饭。可焦裕禄怀着“敢在困难面前逞英雄”的大无畏气概，带领兰考人民消灭“三害”“治沙、治水、治盐碱风”。他一到兰考，就深入基层调查研究，察看灾情，访贫问苦。他说：“吃别人嚼过的馍没味道。”他拖着患有慢性肝病的身体，在15个月的时间里，跑遍了全县140多个生产大队中的120多个。在带领全县人民封沙、治水、改地的斗争中，焦裕禄身先士卒，以身作则。风沙最大的时候，他带头查风口探流沙；大雨倾盆的时候，他带头蹚着齐腰深的洪水察看水流；风雪铺天盖地的时候，他登门为群众送救济粮款。他经常钻进农民的草庵、牛棚，同农民同吃同住同劳动，总结群众同自然灾害斗争的宝贵经验，这些宝贵经验成为战胜灾害的制胜法宝。

焦裕禄同志塑像

焦裕禄对同志和人民充满热情。他常说:“共产党员应该在群众最困难的时候,出现在群众的面前;在群众最需要帮助的时候,去关心群众、帮助群众。”他的心里装着全县的干部群众,唯独没有他自己。他经常肝部痛得直不起腰、骑不了车,即使这样,他仍然用手或硬物顶住肝部,坚持工作,直至累倒,被医院确诊为“肝癌晚期,皮下扩散”,生命“最多还有二十天时间”,被强令住院治疗。就在他 42 年不长生命的最后时间里,焦裕禄心中想的全是兰考人民的生产、生活以及他未能完成的兰考人民“治害”脱贫的大业。

县里来人看他,他总是不谈自己的病,先问县里的工作情况。他问张庄的沙丘封住了没有,问赵垛楼的庄稼淹了没有,问秦寨盐碱地上的麦子长得怎样,问老韩陵地里的泡桐树栽了多少……有一次,他特地嘱咐县委办公室的一位干部说:“你回去对县委的同志说,叫他们把我没写完的文章写完;还有,把秦寨盐碱地上的麦穗拿一把来,让我看看!”

1964 年 5 月,焦裕禄的病情进一步恶化了,县委副书记张钦礼匆匆赶到郑州探望他。焦裕禄用他那干瘦的手拉着张钦礼,两只失神的眼睛充满深情地望着他问道:“听说豫东下了大雨,雨多大?淹了没有?”张钦礼说:“没有。”

焦裕禄在劳动

“这样大的雨,咋会不淹?你不要不告诉我。”

“是没有淹!排涝工程起作用了。”张钦礼一面回答,一面强忍着悲痛给他讲了兰考人民抗灾斗争胜利的情况,安慰他安心养病,说兰考面貌的改变也许会比原来的估计更快一些。这时候,张钦礼看到焦裕禄在全力克制自己剧烈的肝痛,一粒粒黄豆大的冷汗珠时时从他额头上冒出来。他勉强擦了擦汗,半晌,问张钦礼:“我的病咋样？为什么医生不肯告诉我呢？”张钦礼迟迟没有回答。焦裕禄一连追问了几次，张钦礼最后不得不告诉他说：“这是组织上的决定。”听了这句话，焦裕禄点了点头，镇定地说道：“哦，那我明白了……”隔了一会儿，焦裕禄从怀里掏出一张自己的照片，颤颤地交给张钦礼，然后说道：“钦礼同志，现在有句话我不能不向你说了，回去对同志们说，我不行了，你们要领导兰考人民坚决地斗争下去。党相信我们，派我们去领导，我们是有信心的。我们是灾区，我死了，不要多花钱。我死后只有一个要求，要求组织上把我运回兰考，埋在沙堆上，活着我没有治好沙丘，死了也要看着你们把沙丘治好！”

张钦礼再也无法忍住自己的悲痛，他望着焦裕禄，鼻子一酸，几乎哭出声来。他带着泪告别了自己最亲密的战友……

1964 年 5 月 14 日，焦裕禄不幸逝世。在他生命的最后时刻，中共河南省委和开封地委有两位负责同志守在他的床前。他对这两位上级党组织的代表断断续续地说出了最后一句话：“我……没有……完成……党交给我的……任务。”

一年以后，几十名兰考的干部和群众，站在他们的老书记焦裕禄的坟前，一个个泣不成声地说出了 36 万兰考人的心声：“我们的好书记，你是活活地为俺兰考人民，硬把你给累死的呀。困难的时候你为俺们操心，跟着俺们受罪，现在，俺们好过了，你却一个人在这里……”这是兰考人民对自己亲人的痛悼，也是兰考人民对一位为他们的利益献出生命的共产党员的最高嘉奖。

人工天河红旗渠[①]

20 世纪 70 年代，国务院总理周恩来曾经自豪地告诉国际友人："新中国有两大奇迹，一个是南京长江大桥，一个是林县红旗渠。"不同的是，南京长江大桥的建设是举全国之力，而"红旗渠是英雄的林县人民用两只手修成的"！外国人则赞扬"红旗渠是世界第八大奇迹"。甚至有人说："到中国不看红旗渠，等于没到过中国。"

那么，林县人民为什么要修红旗渠，又是如何修成红旗渠的呢？

红旗渠

河南省的林县，即现在的林州市，位于河南、山西、河北三省交界的太行山东麓的南端，正是神话故事愚公移山的发生地。这里山高坡陡，土薄石厚，水资源奇缺，是一片亘古未变的贫瘠之地。翻开史书查看对林县的记载，入眼的都是连年干旱、禾枯、绝收、悬釜待炊、十室九空等触目惊心的字眼。因为缺水，这里的山穷、地穷、人更穷。百姓们在贫困中苦苦挣扎，衣不遮体，食不果腹，度日如年。"咱

① 资料来源：靳怀堾《红旗渠的故事》，载《中国水文化网》，2011 年 4 月 21 日。

林县，真可怜，光秃山坡旱河滩；雨大冲得粮不收，雨少旱得籽不见；一年四季忙到头，吃了上碗没下碗。”在那靠天吃饭的年代，林县人斗不过老天爷。大旱之年，草根树皮都成了救命的口粮，为了活命，甚至出现易子相食的惨痛场面，更多的人则是踉踉跄跄地走上背井离乡的逃荒之路。

新中国成立后，广大人民群众在政治上翻身后，迫切希望在经济上也能翻身。可是，缺水的问题像“三座大山”一样压得林县人喘不过气来。水是生命之源，没有水连生存都难以为继，哪里还谈什么发展，创造幸福的生活？由于绝大部分耕地要靠天生产，大旱绝收，小旱薄收，广大群众仍没有摆脱糠菜半年粮和缺衣少食的贫困境况。

祖祖辈辈为干旱缺水煎熬的林县人再也不愿苦熬下去了，缺水造成的苦难，激发着林县人民向命运挑战的斗志，每个人的心中，都激荡着愚公移山、改造山河、争取美好生活的伟大梦想。

挖山泉、打水井、修水库、建水渠，这些兴修水利的活动是他们改变命运的序曲。无可奈何的是，天公对林县过于苛刻。1958年，一场大旱，泉干库竭渠无水，全县又陷入了干渴的危机之中。天上无水蓄、地下无水汲，林县人只好把眼光投向了境外的水源地。经过反复的勘查论证，1960 年 2 月，中共林县县委做出了引山西省平顺县境内的漳河水入林县的决策，即“引漳入林”，到1969 年 6 月红旗渠工程全面完工，用了整整十年的时间。这十年的光阴，在人类历史的长河中不过是短暂的一瞬，但对林县而言，却是血与汗交织的悲壮十年，也是改变命运、创造辉煌的十年，更是谱写惊天地、泣鬼神之“红旗渠故事”的十年。

那是一个张扬理想主义的年代，一声令下，万众响应。盼水心切的林县人民热血沸腾，欲与天公试比高！上级分配给横水公社东下洹大队上民工 250 人，一下子就报了 600 多人。年过六旬的赵连生老人说：“我就是把这身子化了，也要变成一截渠道！”这种热烈悲壮的场面不禁让人联想起当年太行山人民为抗击日本侵略者而报名参军的场景。

车辚辚，马啸啸，近 4 万修渠大军从 15 个公社的山庄村落奔涌而来。他们自带干粮、行李，赶着牛车、马车，推着小推车，拉着粮食、炊具、锹、镢、铁锤、钢钎等劳动工具，浩浩荡荡地开向了修渠第一线，拉开了“千军万马战太行”的序幕。

建设大军一到前线，便打响了“引漳入林”最重要、最艰难、最壮烈的战役——开凿 70.6 公里长的引水总干渠。总干渠工程全部处在太行崇山峻岭的半山腰上。太行山的石头多是石英岩，坚硬异常。但石头再硬也没有林县人的骨头硬，他们凭着钢铁般的意志，凭着钢筋铁骨般的一双手，不分冬寒夏暑，披星戴月，奋战在太行山上。这里不是战场却胜似战场，开山的炮声惊天动地，乱石腾空，硝烟滚滚；这里虽然没有人与人之间的肉搏，但却有人与自然之间的较量，也有血肉横飞的悲壮场面……

尽管在建设过程中，正值三年困难时期，条件差得超出想象，但林县人民没有被困难所吓倒，他们迎难而上，义无反顾。国家拿不出更多的人、财、物支持林县，林县人民体谅国家的难处，他们不等不靠，自力更生、艰苦奋斗。没有石灰自己烧，没有水泥自己制，没有炸药自己造，不会技术干中学……住工棚，住窑洞，住石崖，住石洞。最困难的时期，每人每天只

林县人民修建红旗渠

有 6 两粮。为了填饱肚子，他们上山挖野菜，下河捞水草。大家还苦中作乐，风趣地说道："蓝天白云做絮被，大土绿草做绒毡，高山为我站岗哨，漳河流水催我眠。"

他们不但苦干硬拼，也巧干智取，破解了一个又一个建设难题。十年奋战，愚公移山，林县人民共削平了 1250 座山头，架起了 211 个渡槽，凿通了 211 个隧洞，修建了 12408 座各种建筑物……林县人民硬是在崇山峻岭中凿出了一条 1500 公里的"人造天河"。如果把十年挖砌的 1818 万立方米土石筑成宽 2 米、高 3 米的墙，可以纵贯中华南北，把广州和哈尔滨连接成一道"万里长城"。

"中国自古就有埋头苦干的人，有拼命硬干的人，有舍身求法的人，有为民请命的人，他们是中国的脊梁。"为了修建红旗渠，共有 189 名林县的英雄儿女献出了宝贵的生命，256 人重伤致残，他们用血肉之躯乃至生命的代价，谱写了一曲英雄主义的壮歌。

从此，雄浑的太行悬崖绝壁上有了一道温柔的水脉，她与坚硬的岩石依恋契合，演奏着刚柔相济的和谐乐章；从此，这道水脉汩汩流进林县大地后，一分为二，二分为四……细细润浸，节节延伸，形成一个覆盖全县大地的生命水网；从此，中华大地有了一个不朽的灵魂——用意志铸就、用汗水养育、用鲜血染红的红旗渠精神；从此，苦难深重的林县摆脱了千百年旱渴的折磨，在红旗渠一脉生命之水、幸福之水的浇灌下，走向滋润，走向富裕。

戈壁深处的两弹元勋

20 世纪 50 年代初，由于国家长期战乱，国民党蒋介石政权留给新中国的是一穷二白的烂摊子，偌大的中国连一辆拖拉机也造不出来，更没有伟大的科学成就，在国际上被人瞧不起。可就在这样的时候，一个名字叫邓稼先的“娃娃博士”，却放弃了国外的优厚待遇，毅然选择回国，为中国命运的根本转折做出了卓越的贡献！

邓稼先(1924—1986)，出生于安徽怀宁县的一个世代书香之家。父亲邓以蛰是北京大学教授。少年邓稼先在北京求学期间，正值日本帝国主义对中国的侵略步步紧逼之时，国难日益深重。在父亲的爱国思想和抗日救亡运动的影响下，邓稼先多次秘密参加抗日聚会，将国家仇、民族恨转化为发奋读书的动力。1941 年，邓稼先考入西南联合大学物理系，这所中国抗战时期的著名大学，由清华大学、北京大学、南开大学三校合并而成，条件简陋，生活清苦。尽管如此，西南联合大学却有非常好的学术氛围，培养了不少优秀人才，邓稼先就是其中的佼佼者。1948 年，邓稼先怀揣振兴中国的梦想，远渡重洋，到美国普渡大学留学，他学习成绩突出，不足两年便修满学分，1950 年通过博士论文，获物理学博士学位，此时他只有 26 岁，被誉为“娃娃博士”。获得博士学位

邓稼先在工作中

9天之后，邓稼先做出了一个影响他一生的重大决定：放弃在美国优越的生活和工作条件，投身新中国如火如荼的建设！

1950年邓稼先获普渡大学博士学位

回国后，邓稼先很快参加了原子弹的研制工作。在一次招待会上，有人问他带了什么回来。他说："我带了几双眼下中国还不能生产的尼龙袜子送给父亲，还带了一脑袋关于原子核的知识。"1958年秋，国家二机部副部长刘杰找到邓稼先说："国家要放一个'大炮仗'，你是否愿意参加这项必须严格保密的工作？"邓稼先义无反顾地答应了，回家只对妻子许鹿希说："我要调动工作，不能再照顾家和孩子了，通信也困难。"从小同样受爱国思想熏陶的妻子明白，丈夫肯定是从事对国家有重大意义的工作，表示坚决支持。从此，邓稼先的名字便在刊物和对外联络中消失。

"我们也要搞一点卫星。"果断决定研制"两弹一星"，重点突破国防尖端技术，是以毛泽东为核心的中共第一代领导集体在当代中华民族振兴史上写下的最辉煌的篇章。中央下决心自己动手，搞出中国的原子弹和人造卫星。毛主席说："中国要不受人家欺负，就不能没有原子弹这个东西。"这是一个创造历史的艰巨任务，以邓稼先为代表的中国年轻的科学家们，毅然决然地将它扛到了肩上。

邓稼先是中国核武器研制与发展的主要组织者、领导者。在原子弹、氢弹研制中，邓稼先先后领导开展了爆轰物理、流体力学、状态方程、中子输运等基础理论研究，完成了原子弹的理论方案的制定，并参与指导核试验的爆轰模拟试验。在遇到一个苏联专家留下的核爆大气压的数字时，邓稼先在周光召的帮助下以严谨的计算推翻了原有结论，解决了关系到中国原子弹试验成败的关键性难题。

中国研制原子弹正值三年困难时期，尖端领域的科研人员虽有较高的粮食定量，却因缺乏油水，仍经常饥肠响如鼓。邓稼先从担任高级职务的岳父那里能多少得到一点粮票的支援，却都用来买饼干之类的食物，在工作紧张时与同事们分享。就是在这样艰苦的条件下，他们日夜加班。邓稼先不仅在秘密科研院所里费尽心血，还经常到飞沙走石的戈壁试验场。他冒着酷暑严寒，在试验场度过了整整8年的单身汉生活，有15次在现场指导核试验，从而掌握了大量的第一手材料。

1964年我国第一颗原子弹爆炸成功

1964 年 10 月，经邓稼先签字，中国第一颗原子弹爆炸成功。他率领研究人员在试验后迅速进入爆炸现场采样，以证实效果。接着，他又投入对氢弹的研究，2 年零 8 个月后，中国的第一颗氢弹爆炸成功，把中国国防自卫武器引领到了世界先进水平，创造了世界上研制氢弹速度最快的记录。做这同样的事情，法国用了 8 年、美国和苏联都用了 7 年。邓小平说："如果 60 年代以来中国没有原子弹、氢弹，没有发射卫星，中国就不能叫有影响的大国，就没有现在这样的国际地位。这些东西反映一个民族的能力，也是一个民族、一个国家兴旺发达的标志。"

1984 年，邓稼先在大漠深处指挥中国第二代新式核武器试验。在一次核试验中，邓稼先受到核辐射，患了直肠癌，可他仍没有放下手中的工作。1985 年 8 月邓稼先做了切除直肠癌的手术。次年 3 月又做了第二次手术。1986 年 7 月 29 日，邓稼先因全身大出血，不幸逝世，年仅 63 岁。他临终前留下的话仍是与中国的尖端武器有关，叮咛"不要让人家把我们落得太远……"。

邓稼先是中国知识分子的优秀代表，为了祖国的强盛，为了国防科研事业的发展，他甘当无名英雄，在西北大漠隐姓埋名奋斗了数十年。他在中国核武器的研制方面做出了卓越的贡献，却鲜为人知，直到 1999 年国家公开表彰"两弹一星"元勋，人们才知道他的名字，而此时，他已经去世 13 年。邓稼先，把一生献给祖国的"两弹元勋"！

永远的铁人

“石油工人一身吼，地球也要抖三抖。”这是中国共产党党员的优秀楷模、中华民族的英雄“铁人王进喜”的一句名言，体现了中国石油工人战天斗地的豪迈情怀和团结奋斗的巨大力量。1972 年 1 月 27 日，《人民日报》在显著位置刊发了长篇通讯《中国工人阶级的先锋战士——铁人王进喜》，高度评价了王进喜伟大的一生。

王进喜用身体搅拌砂浆制止井喷

王进喜（1923—1970），1923 年 10 月 8 日出生于甘肃省玉门市一个贫苦的农民家庭。在灾难深重的旧中国，王进喜受尽苦难，少年时当过沿街乞讨的乞丐，做过地主家的放牛娃。1938 年，15 岁的王进喜进玉门油矿当童工，年龄虽小，却干着和大人一样的重活，还经常挨工头的打骂。他不甘屈辱，奋起反抗，心中充满了对自由生活的向往。正是这苦难的经历和恶劣的生存环境，练就了他刚毅坚韧、倔强不屈的性格。1949 年 9 月 25 日，玉门解放，王进喜通过考试成为新中国第一代钻井工人，他勤快、能吃苦，各种杂活抢着干。他说："党把我们当主人，主人不能像长工那样磨磨蹭蹭、被动地干活。"1956 年，王进喜光荣加入中国共产党，这是他人生旅途的一个转折点。入党不久，王进喜担任了钻井队队长，在石油工业部组织的劳动竞赛中，提出了"月上千，年上万，祁连山上立标杆"的口号，他创造了月进尺 5009.3 米的全国钻井最高纪录。10 月，王进喜到新疆克拉玛依参加石油工业部召开的现场会，石油工业部部长余秋里给他颁发了一面"钻井卫星"红旗，他被誉为"钻井闯将"，他所带领的钻井队被命名为"钢铁钻井队"。

荣誉面前，王进喜没有自满。1959 年 9 月，王进喜出席甘肃省劳模会，被选为新中国成立十周年国庆观礼代表和全国"工交群英会"代表。休会期间，王进喜参观首都"十大建筑"，看到行驶的公共汽车上背着"煤气包"，知道国家严重缺油，一种莫大的耻辱感不禁袭上心头，这位坚强的西北汉子蹲在街头哭了起来。从此，甩掉这个"煤气包"成为他为国分忧、为民族争气的思想动力之源。王进喜一辈子都在艰苦的环境中为国家找油，在他的身上发生的顽强奋斗的感人故事何止车载斗量，这里介绍的，只是他精彩人生中的几个片段而已。

1960 年 2 月，东北松辽石油大会战打响。3 月 15 日，王进喜带领 1205 钻井队从玉门出发，赴大庆参加石油大会战，3 月 25 日，到达大庆萨尔图火车站。下了火车，他一不问吃、二不问住，先问钻机到了没有、井位在哪里、这里的钻井纪录是多少，恨不得一拳头砸出一口油井来，把中国"贫油落后"的帽子甩到太平洋里去。1205 钻井队的钻机到了，没有吊车和拖拉机，汽车也不足。王进喜带领全队工人用撬杠撬、滚杠滚、大绳拉的办法，"人拉肩扛"把钻机卸下来，运到萨 55 井井场，仅用 4 天时间，就把 40 米高的井架竖立在茫茫荒原上。井架立起来后，没有打井用的水，王进喜组织职工破冰取水，带领大家用脸盆端、水桶挑，硬是靠人取水50多吨，保证了按时开钻。萨55井于4月19日胜利完钻，进尺1200米，首创5天零4小时打一口中深井的纪录。

1205钻井队准备往第二口井搬家时，王进喜右腿被砸伤，但他仍在井场坚持工作。由于地层压力太大，第二口井打到700米时发生了井喷。危急关头，王进喜不顾腿伤，扔掉拐杖，带头跳进泥浆池，用身体搅拌泥浆，最终制服了井喷。房东赵大娘看到王进喜整天领着工人不分白天黑夜地干，饭做好了也不回来吃，感慨地说："你们的王队长可真是个铁人啊！"石油会战指挥部领导余秋里得知后，连声称赞大娘说得好。在第一次油田技术座谈会上，余秋里号召4万会战职工"学铁人、做铁人，为会战立功，高速度、高水平拿下大油田"！号召一出，群情激奋，石油会战全战区迅速掀起了"学铁人、做铁人，为会战立功"的热潮。4月29日，在"五一"万人誓师大会上，王进喜喊出"宁肯少活二十年，拼命也要拿下大油田"的口号，成为大会战的一面旗帜。王进喜既是吃苦耐劳的实干家，也是科学求实的典范。他刻苦学习，带领工人们以创造性的劳动，创出一个又一个优异的成绩。1960年，王进喜带领1205钻井队共打井19口，完成进尺21258米，接连创造了6项高纪录。

1964年年底，王进喜当选第三届全国人大代表，出席全国人民代表大会并代表工人做了《用革命精神建好油田》的发言，受到与会代表的热烈欢迎。从北京回来后，他依然保持谦虚谨慎的习惯，他说："我是个普通工人，没啥本事，就是为国家打了几口井。一切成绩和荣誉，都是党和人民的，我自己的小本本上只能记差距。"他一边参加劳动一边听取群众意见，解决工人的实际问题，成为大家的知心朋友。他看到天冷时工服不保暖，工人挨冻，就到缝补厂建议把棉裤后腰加高加厚，给工人做皮背心和皮护膝。钻井生产、生活特别是住房、吃粮面临困难时，他利用工余时间带领职工和其家属开荒种地，烧砖、割苇，盖"干打垒"住房，让工人和其家属"吃饱肚子去会战""回来有个窝"。大队驻地离市镇比较远，工人和家属买粮、邮信、看病都不方便，他又带领职工家属想方设法办起了商店、粮店、邮局、豆腐坊、卫生所等，建起了设施比较齐全的生活基地。钻工子女没处上学，整天在荒原上玩耍，他带领工人们在大队机关附近支起一顶帐篷，建起了大队级第一所小学——帐篷小学。后来，人们为了纪念王进喜，把这所小学命名为“铁人小学”。他到国外访问期间，还惦记着钻工们的困难，利用补助的一点外汇特意买了两个“热得快”，带回来给职工烧开水、熬中药。钻工陈国安病了，在大庆治不好，他利用开会机会把陈国安送到省城医院治疗。生产骨干张启刚因工牺牲后，他和1205队的职工经常给他的老母亲寄钱和粮票，一直供养到终老。

王进喜对自己和家人要求非常严格。王进喜家是个大家庭，全家10口人，弟妹子女还要上学。为了维持全家生计，王进喜叫老母亲管账，精打细算过日子。会战工委和各级党组织都想尽办法对困难职工给予补助，像王进喜这样的情况可以享受每月30元的“长期补助”，但王进喜自己从来不花，他把这些钱都补助给困难职工了。大队派人给他家送去猪肉和面粉，他一律拒收。工人们想把他家铺炕用的苇草换成席子，他老母亲也不让。王进喜患有严重的关节炎，上级为照顾他，给他配了一辆吉普车。王进喜自己很少坐，就用它来给井队送料、送粮、送菜，送职工看病，它完全成了公用车。可老母亲病了，是王进喜的大儿子用自行车推着去卫生所。与他的爱人同期来油田的家属多数已转成正式职工，他的爱人却一直是家属，在队里烧锅炉、喂猪。他甘当“老黄牛”，树立了廉洁奉公、无私奉献的公仆形象，受到党和国家领导人毛泽东主席和周恩来总理的接见，并当选为中共中央委员。1969年12月26日，王进喜受到邀请，去参加毛主席71岁生日宴会，毛主席称赞他是中国“工业带头人”。

毛泽东主席和周恩来总理接见王进喜同志

常年超负荷的劳动，影响了王进喜的身体健康。同志们劝他休息，他总是婉言谢绝，真切地践行着他那“宁肯少活二十年，也要拿下大油田”的铿锵誓言！1970 年 11 月 15 日 23 时 42 分，王进喜因胃癌晚期医治无效不幸病逝，终年 47 岁。新闻媒体纷纷报道了铁人王进喜逝世的消息和他的英雄事迹。大庆油田做出了“向铁人王进喜同志学习”的决定。

1989 年新中国成立 40 周年之际，王进喜与雷锋、焦裕禄、钱学森等一起被中共中央组织部命名为“建国以来在群众中享有崇高威望的共产党员优秀代表”。世纪之交，他同孙中山、鲁迅、雷锋、焦裕禄、李四光、毛泽东、邓稼先、邓小平、袁隆平一起被评为“百年中国十大人物”，写入中华民族的光辉史册。

雷锋的快乐事

他是一个普通的士兵，牺牲前，在部队的最高职务是班长，但他又是世界上最伟大的士兵，知名度最高的士兵，有最多“粉丝”的士兵。世界上没有哪一个士兵像他那样，获得过那样多的荣誉和颂扬。他以一个普通士兵的身份，影响了几代中国人，成为无数中国人的学习榜样。这个普通而伟大的士兵，有一个响亮的名字——雷锋。

雷锋同志

雷锋在日记中写道："凡是脑子里只有人民、没有自己的人，就一定能得到崇高的荣誉和威信。反之，脑子里只有个人、没有人民的人，他们迟早会被人民唾弃。"雷锋是这样说的，也是这样做的。人们传诵着这样一句话："雷锋出差一千里，好事做了一火车。"

1960 年 8 月，部队驻地抚顺发洪水，望花区召开大生产号召动员大会，声势很大，雷锋上街办事正好看到这个场面。他取出存折上的 200 元钱，跑到望花区党委办公室要把它捐献出来，接待他的同志实在无法拒绝他的这份情谊，只好收下一半，雷锋将剩下的 100 元在辽阳遭受百年不遇洪水的时候捐献给了辽阳人民。为了帮助灾区人民，雷锋捐献出自己的全部积蓄，可平时他在劳动时却舍不得喝一瓶汽水。

有一次，雷锋外出，在沈阳车站出检票口的时候，发现一群人围着一个背着小孩儿的中年妇女。原来这名妇女从辽宁去吉林看丈夫，但车票和钱都丢了。雷锋连忙买了一张去吉林的火车票塞到中年妇女手里，大嫂眼含热泪地说："小兄弟，你叫什么名字？你是哪个单位的？""我叫解放军，家就在中国。"做好事不留名，是雷锋的一贯做法。

又有一天，雷锋冒雨去沈阳，他为了赶早车，凌晨 5 点多就起床，带了几个干馒头，披上雨衣就上路了。路上，雷锋看见一位妇女背着一个小男孩，手里还牵着一个小女孩，正艰难地向车站走去。雷锋不假思索地脱下身上的雨衣披在那位妇女身上，又抱起小女孩陪他们一起来到车站。上车后，雷锋见小女孩冷得直发抖，又把自己的贴身衬衣脱下来给她穿上。雷锋估计他们早饭没吃，就把自己带的馒头给他们吃。火车到了沈阳，天还在下雨，雷锋便把他们送到家里。那位妇女感激地说："同志，我可怎么感谢你啊！"雷锋认真地说："不要感谢我，应该感谢党和毛主席啊！"

一次，雷锋从安东回来，要在沈阳转车。他背起背包过地下通道时，看见一位白发苍苍的老大娘拄着棍，背了个大包袱，很吃力地一步步地迈着，雷锋走上前问道："大娘，您到哪儿去？"老人上气不接下气地说:“俺从关内来,到抚顺去看儿子!”雷锋一听跟自己同路,立刻把大包袱接过来,用手扶着老人说:“走,大娘,我送您到抚顺。”老人感动极了,一口一个好孩子地夸他。进了车厢,他给大娘找了座位,自己就站在旁边,掏出刚买来的面包,塞了一个在大娘手里,老大娘往外推着说:“孩子,俺不饿,你吃吧!”“别客气,大娘,吃吧!先垫垫肚子。”听到“孩子”这个亲切的称呼,雷锋很有感触,他觉得就像母亲叫着自己小名似的那样亲切。他在老人身边,和老人唠起了家常。老人说,她儿子是工人,出来好几年了。她是第一次来,还不知道住在什么地方哩。说着,老人掏出一封信,雷锋接过一看,上面的地址他也不知道。老大娘急切地问雷锋:“孩子,你知道这地方吗?”雷锋虽然不知道地址,但雷锋知道老人找儿子的急切心情,就说:“大娘,您放心,我一定帮助您找到他。”雷锋说到做到,到了抚顺,背起老人的包袱,搀扶着老大娘用地图找了两个多小时,才找到老人的儿子。母子一见面,老大娘就对儿子说:“多亏了这位解放军,要不然,还找不到你呢!”母子一再感谢雷锋。雷锋却说:“谢什么啊,这是我应该做的。”

好事做得多了,雷锋的名气也渐渐大了起来,可雷锋依然是那样的朴实,那样的普通。1961 年 9 月,全团上下一致推举雷锋为抚顺市人大代表。雷锋参加完人代会回到连里就担任了二排四班班长,在他的带领下,四班成了“四好班”,雷锋也成了全连的“四好班长”。一天傍晚,天下起大雨,雷锋见公路上一位妇女怀里抱着一个小孩,手里拉着一个小孩,身上还背着包袱,在大雨中一步一滑地走着。雷锋忙上前一打听,才知道这位大嫂从外地探亲归来,要去十几里外的樟子沟去。她着急地说:“同志啊,今天雨都把我浇迷糊了,这还有孩子,我哭也哭不到家啊!”雷锋把雨衣披在大嫂身上,抱起那个大一点的孩子冒雨朝樟子沟走去,宁肯自己淋得透湿,也不让他们受罪。一直走了两个多小时,雷锋才把他们安全送到家。

雷锋就是这样,把全心全意地帮助别人当作自己平生最快乐的事情。随着他的模范事迹、照片和日记通过报纸、电台的广泛宣传，雷锋陆续收到许多来自全国各地热情赞扬他的来信，他总是谦虚地说：“我的一切都是党给的，光荣应该归于党，归于热情帮助我的同志，至于我个人做的工作，那是太少了，我这么一点点贡献，比起对我的要求和期望还是非常不够的……”雷锋成了助人为乐的符号，成了做好事不留名的代名词，人们一想起做好事，就自然而然地想起了雷锋。

毛泽东题词

1962 年 8 月 15 日，伟大的共产主义战士雷锋因公殉职，年仅 22 岁。1963 年 3 月 5 日毛主席亲笔题词“向雷锋同志学习”，这一天也成了学雷锋的纪念日。

“人民的儿子”刘英俊

刘英俊(1945—1966),吉林省长春市人,中共党员,拦惊马救儿童壮烈牺牲的著名烈士,1962 年入伍,生前系中国人民解放军 65444 部队重炮连战士。2009 年新中国成立 60 周年时,刘英俊被评为 100 位新中国成立以来感动中国人物之一。

刘英俊同志

刘英俊把忠诚于党作为人生最高的价值追求。入伍后,他担任部队驻地附近小学的“校外辅导员”,经常给小朋友讲革命传统,还用节省的津贴给学校购买图书。他乐于助人,甘于奉献。在连队,他是“业余修理员”,主动修理损坏的桌椅、门窗。在医院住院,他是“劳动休养员”,帮助重病号打水、端饭,协助医护人员扫地、刷痰盂。出差途中,他是“义务勤务员”,扶老携幼,急人所难,好事做一路。

1966 年 3 月 15 日早晨,刘英俊和战友们驾着 3 辆马拉炮车外出训练,在佳木斯公共汽车站附近,他驾的炮车辕马被汽车喇叭声所惊,突然向人群冲去,情况十分危急。说时迟那时快,只见刘英俊用肩膀猛抵惊马,惊马被迫拐上公路旁侧小道。恰在此时,离炮车前面不远处,正走着 6 名儿童。孩子们被飞奔而来的惊马吓呆了,不知所措,生命受到威胁。在这千钧一发的时刻,刘英俊把缰绳在胳膊上缠了几道,猛力一拉,使惊马前蹄腾空而起，紧接着他不顾自己的生命危险，手撑辕杆，从辕杆下面用双脚猛踩马的后腿。马突然倒下，车翻了，他却被压在翻倒的车下，身负重伤。目睹这场舍己救人英雄行为的群众，一拥而上，急忙将他救起，把他抬送到附近的职工医院抢救。这时，许多候车的乘客、上班的工人、上学的学生，都被刘英俊的英雄行为所感动，关心地紧跟在后面。几百名群众和战士，纷纷要求为他献血。由于伤势过重，刘英俊经抢救无效，光荣牺牲，年仅 21 岁。

刘英俊纪念邮票

刘英俊热爱人民，以雷锋为榜样，为部队驻地的职工、居民做过许多好事，但很少有人知道他的真名实姓，直到他牺牲之后，群众看到他的遗像才知道他叫刘英俊。许多人打电话或亲自到当地报社，要求大力宣传刘英俊烈士的光辉事迹。合江地区、佳木斯市各界人民召开了隆重的追悼大会。佳木斯人民要求把刘英俊同志的遗体安葬在佳木斯。他们派代表向前来参加追悼会的英雄的妈妈朱秀兰请求说:“刘英俊是您的儿子,也是我们佳木斯 30 万人民的儿子,他为我们牺牲了,我们要永远纪念他,向他学习,让他这颗红心永远和我们佳木斯 30 万人民连在一起。”刘英俊的妈妈说:“孩子参军保卫祖国,是我送去的;现在佳木斯人民需要他,我就把他留给佳木斯人民吧!”清明节前后,佳木斯市近 1 万人自动到刘英俊墓前祭扫,一批又一批的少先队员和共青团员在这里庄严宣誓:要像刘英俊那样,全心全意为人民服务。为了纪念英雄,群众在刘英俊牺牲的地点,栽上了一棵青松。青松的周围建造了一个五星形的花坛,老人、孩子常来浇水培土。人们经过这里,都用敬仰的目光观看青松,怀念英雄。

刘英俊所在部队党委做出决定,根据刘英俊同志生前的志愿,追认他为中国共产党正式党员;追记一等功,并号召干部战士开展向刘英俊同志学习的活动。1966 年 7 月 14 日,中国人民解放军总政治部发出向刘英俊学习的通知。同年 7 月 28 日,《人民日报》发表题为《人民的好儿子》的社论,把学习刘英俊同志的活动推向全国。为了永久纪念刘英俊烈士,吉林省将他的家乡改名为“英俊乡”。1996 年,为纪念刘英俊烈士牺牲 30 周年,佳木斯市在烈士牺牲地建立了爱国主义教育基地,重塑了烈士的雕像。

刘英俊烈士雕塑

改革开放篇

(1978年12月—)

改革开放是中国人民一次新的伟大长征,攸关中华民族的前途命运。伟大的长征精神和改革开放的时代精神相结合,焕发出新的夺目光彩,如共同富裕的"华西精神"、为国争光的"女排精神"、勇克难关的"航天精神"、不畏艰险的"抗洪精神"、万众一心的"抗震救灾精神"以及追求卓越的"工匠精神"等。这些伟大的精神与长征精神一脉相承。本篇共选取10个故事,其中《我们的"老书记"》《女排姑娘"五连冠"》《航天英雄杨利伟》《雕刻火药的人》《创造奇迹的中国深海人》《滔天洪水中的"定海针"》《千军万马向汶川》所记述的,就是这些精神的典范。《救人是第一位的》《"草鞋书记"杨善洲》《总书记三上井冈山》三篇故事,表现了共产党人无论是普通党员,还是领导干部、党的领袖都把全心全意为人民服务的宗旨牢牢铭刻在心中。

我们的"老书记"

江苏省江阴市有个著名的村庄叫华西村。这个村是中国的"首富村",其富裕和文明的程度,在世界上极为少见。国外最有影响力的报纸之一——英国《卫报》的记者实地考察华西村后感叹道:"我走过很多国家和地方,也见到一些富裕的村庄,但是从来没有看到有哪一个村庄能像华西村这样达到共同富裕的!"

华西村村貌

说到华西村的富裕和文明,就不能不提到一个人,他是一个农民,被媒体誉为"中国农民第一人"。他是一个"官",是世界上最小的"芝麻绿豆"官，当了40年的村书记，乡亲们亲切地称他"我们的老书记"。他就是大名鼎鼎的华西村党委原书记吴仁宝。

"老书记"吴仁宝一辈子只做一件事，就是全心全意为人民服务，他带领干部群众把贫穷落后的华西村建成了世界闻名的"中国首富村"。如果你登上华西村的地标性建筑，从那座耸入云霄，名列世界第15位，高达328米的"华西新农村大楼"的黄金塔顶上，俯瞰华西村的村容村貌，你一定会惊叹："这哪里是农村？这分明是城市嘛！"映入你眼帘的，是一条条宽阔的街道，一处处整齐的别墅群，林立的厂房，美丽的花园，漂亮的学校，还有舒适的养老中心以及医院等。几年前，12名获得"美国总统学者奖"的美国学生，来华西村开展"修学之旅"活动，看过华西村后，激动地评价道："华西村太美丽了，真是难以想象。华西不仅是中国的华西，也将是世界的华西！"

吴仁宝与村民谈心

短短几十年，华西的奇迹是如何创造出来的呢？"老书记"吴仁宝总结道："我是穷过来的，看到有人穷我就心疼，我最大的心愿就是让穷人过好日子，这是我的原动力。我们华西党员干部将这种坚定的理想信念，转化为艰苦创业、真抓实干、发展经济、造福于民的实际行动。”原来，共产党要“让人民过好日子”，这就是华西发展的秘密所在！

吴仁宝，1928年11月出生于江苏省江阴县华墅乡吴家基(今江阴市华士镇华西村)一个贫苦农民家庭，14岁前，他给地主当长工，白天放牛喂猪，早晚照顾地主家瘫痪在床的儿子。一年下来，吴仁宝只赚到40斤米，根本养不了家糊不了口，生活极为艰难。1949年4月，江阴全境解放，21岁的吴仁宝第一次分到了属于自己的2.4亩土地。为报答新中国给他带来新生活，他拼命工作，事事先进，捐粮给抗美援朝前线，他跑在前；在互助合作中，帮工换工，他跑在前……1951年，吴仁宝加入新民主主义青年团，1954年10月加入中国共产党。从1961年开始，他担任华西大队党支部书记，后来担任村党总支书记，再后来担任村党委书记，在这个岗位上一直干到75岁退休。

当年，吴仁宝接手华西村时，全村845亩土地被分隔成1300多块不规则的小田，667口人分散居住在12个自然村落，40多条小河沟错乱交织，农业生产条件很差。年仅30多岁的吴仁宝带领村民制定了一个华西村15年规划，打响了改造村庄的第一枪。他们平整土地，开挖沟渠，吴仁宝亲身示范，“从凌晨两点钟开始干，从鸡叫干到狗叫，最苦最累的活都是老书记带头”。终于，1972年华西村粮食亩产超过1吨，解决了群众的温饱问题。但吴仁宝并不满足于“发展农业填饱肚子”，他要带领村民走上富裕之路。1980年冬，江阴县(今江阴市)农村开始推行家庭联产承包责任制，华西村实事求是地提出一个调整产业结构的方案：全村600亩粮田由30名种田能手集体承包，绝大多数劳力转移到工业上去。从此，华西村在发展社会主义市场经济的道路上大步前进。和别人所选择的发展路径不同的是，吴仁宝始终带领华西村发展集体经济，走“共同富裕”的道路，在华西村创造了许许多多的“中国第一”，如：第一个“彩电村”，第一个“空调村”，第一个“轿车村”，第一个“别墅村”……如今的华西，已走上了规模化、集团化、现代化的发展道路，成为集农业、工业、商贸、建筑、旅游于一身的大型企业集团，形成了以冶金、纺织和旅游三大行业为骨干的上百家企业，年总产值接近千亿元，与中西部地区的一个中等规模以上的城市不相上下。华西村的人口也从原来的几百人发展到 3 万多人，9300 多户。村庄面积也由原来的 0.96 平方公里发展到 30 平方公里，逐步将周边 20 个村作为直接带动对象，纳入共同发展之列，还分别建成“黑龙江华西村”“宁夏华西村”，形成了“大华西”格局。

参加集体劳动的吴仁宝

与此形成鲜明对照的是，“老书记”吴仁宝却给自己约法三章，即“不拿全村最高工资，不拿全村最高奖金，不住全村最好房子”。上级政府批准给他有一句奖金，累计有 5000 多万元，但他分文不取，全部留给了集体。他一直倡导节俭并身体力行。家里一张老式的木床，被褥都已陈旧，外间两个单人沙发是 20 世纪 80 年代的样式，扶手上的皮革已经被磨破，茶几上摆放着一部拨号电话机，裸露在外的胶皮几近脱落。当村里老百姓都住上了高楼别墅时，他还住在20世纪70年代建造的老房子里，与村里一排排宽敞明亮的中式别墅、欧式别墅形成了鲜明对比。他有一句名言是："家有黄金数吨，一天也只能吃三顿；豪华房子独占鳌头，一人也只占一个床位。"

"老书记"吴仁宝经常和华西村人讲"大家"和"小家"的关系，他说："没有'大家'，何来'小家'？没有国家政策的扶持，何来华西今日的幸福？要既建好'小家'，又奉献'大家'。"在他家的小客厅里，有一张全家福照片，四世同堂，26口人紧紧围绕在他身边。对他的四个儿子和一个女儿来说，很长时间以来，父亲一直是个模糊的概念。女儿吴凤英甚至直到出嫁前一天才叫他爸爸，只因为他一直忙于工作，根本没时间照顾子女。可是，1974年村民孙良庆12岁的独生子在游泳时不幸溺水身亡，看到孙家悲痛欲绝，吴仁宝决定把自己的小儿子吴协恩送给他们，他说："孩子是在'双抢'时出事的，我这个做书记的有责任。"直到现在，即便是自己的亲生儿子，跟他讨论起村里的事情来，吴协恩最经常的称呼也不是"爸爸"，而是"老书记"。

共产党人要努力成为一个高尚的人，一个有道德的人，一个有益于人民的人。"天下第一村"的"老书记"吴仁宝就是这样一位优秀的共产党人，他为人民服务了一辈子，2013年3月18日在华西村家中逝世，享年85岁。

女排姑娘“五连冠”

1981 年，中国改革开放刚刚翻开崭新的篇章，新鲜空气扑面而来。11 月的一天，无数的中国人，特别是年轻人，守在老式的黑白电视机前，全神贯注地观看着一场激动人心的体育赛事。比赛的结果，令全国人民欣喜若狂。“中国队在日本举行的第三届世界杯女子排球赛中，以七战七捷的佳绩，首次登上世界冠军领奖台。”这是一件轰动世界的大事。全中国沸腾了！一时间，到处是庆祝的鞭炮声，兴奋的呼喊声，无数的人为此流下了激动的泪水。那种热烈的场面，如果不是身临其境，是很难想象的。

荣获“世界冠军”的中国女排姑娘

之后，中国女排姑娘再接再厉，不屈不挠，克服重重困难，相继蝉联1982年第九届世界女排锦标赛、1984年洛杉矶奥运会、1985年世界杯赛和第十届世界女排锦标赛冠军，成为世界排球史上第一支连续5次夺冠的队伍，让“五连冠”这样的词汇，骄傲地出现在我们民族的语汇中，完美诠释了“顽强拼搏、团结奋斗、无私奉献、为国争光”的中华体育精神。

千百年来，中华民族格外珍视集体荣誉。中国女排连续五次夺得集体球类项目的世界冠军，意义非凡。就像经过漫长的冬眠而迎来万物苏醒的春天一样，那个时候，中国刚刚结束十年“文革”动乱，第一次主动打开国门，启动了融入世界的旅程。人们心中普遍存在着这样的疑问：我们有能力为自己在世界舞台上赢得一席之地吗？中国女排姑娘用她们的优异成绩提振了中国融入世界的信心和勇气。只要拼搏奋斗，中国人的梦想完全能够成为现实！

梅花香自苦寒来，彩虹总在风雨后。中国女排姑娘们赢得了全国人民发自内心的爱。她们每一次获得世界冠军，既不顺风顺水，也不是运气奇佳，其间充满了曲折和艰难。是什么让中国女排的姑娘们，战胜了无数个难以想象的苦难，站到了荣誉的最高峰？是中华民族最宝贵的品质：诚实、勤劳与智慧。这是一支有风、有雨、有彩虹，而没有污点的队伍。

中国女排是一个特殊的群体，女排姑娘们坚定“为国争光”的信念，刻苦训练，顽强拼搏。她们对发球、拦网等技术动作每天都要练习成百上千次，对训练比赛造成的肩、腰等伤痛从不叫苦叫累。凭着坚韧的毅力，她们练就了过硬的技术本领，形成了以快速多变为主体、兼备高打强攻的独特风格。1981年第三届世界杯赛上，中国女排以7战全胜的战绩首次夺得世界杯冠军，开创了中国女排的新纪元。其间，在对苏联队的比赛中，中国女排第三局竟然打了这个老牌霸主一个15:0。这是苏联女排第一次输给中国女排，15:0的罕见局分也同样具备了历史记载的非凡价值。1982年世界锦标赛在秘鲁举行，中国女排在小组预赛中以0:3输给了美国队。中国女排当时唯一能做的事情，就是在后面的 6 场比赛中全部都以 3:0 获胜，寄希望于最终能以小分的优势重新获得争夺冠军的资格。结果，奇迹真的发生了，中国女排在后面的 6 场比赛中，场场均以 3:0 获胜。中国女排不仅首次获得世界锦标赛的冠军，而且以 6 个 3:0 的强势姿态展示了自己超一流的实力，宣示了一个新的世界霸主的到来。

已获得两次冠军的中国女排，现在只差一个奥运会冠军，这一世界上含金量最高的冠军。1984 年洛杉矶奥运会，中国女排在小组赛上以 1:3 输给了美国队。而决赛，中国女排却以 3:0 击败美国队，第一次站上了奥运会的最高领奖台。

中国女排“五连冠”，五星红旗一次次升起、国歌一次次奏响的场景，让中华儿女热血沸腾。一时间，各行各业掀起了学习女排精神、发扬女排精神的热潮。“团结起来，振兴中华”的口号响彻神州大地。女排精神成为民族精神和时代精神的重要象征，激励着中华各族儿女不断奋发向上，追求卓越。

中国女排姑娘们，炼成了排球场上令人生畏的“铁榔头”，而带领她们锻造这柄“铁榔头”的人，就是她们的主教练袁伟民。袁伟民对训练严格要求，甚至严格到不近人情的地步，人称“魔鬼训练”。有人说，袁伟民，一个把中国集体球类项目带上世界顶峰的人，似乎就是为中国的排球事业而生的。1976 年，37 岁的袁伟民出任中国女排主教练。当时中国女排在世界上默默无闻。可卧薪尝胆 5 年后，袁伟民带领的中国女排参加在日本举行的世界杯赛，一战成名。

奋力拼搏的中国女排精神，值得中华民族永远珍惜秉承，发扬光大！当时的主教练为袁伟民，主要队员有孙晋芳、张蓉芳、郎平、陈亚琼、周晓兰、杨希、朱玲、曹慧英、陈招娣、周鹿敏、张洁云、梁艳。为了国家的荣誉，为了振兴中华的梦想，她们有谁不是练得一身的伤痛？为了铭记她们的历史功绩，2009 年，“中国女排五连冠群体”入选感动中国百佳人物，成为英雄集体的典范。

航天英雄杨利伟[①]

2003年10月15日9时，中国酒泉卫星发射中心，随着指挥员一声令下："点火！"中国首次发射的载人航天飞行器——"神舟五号"载人飞船腾空飞天，全世界都记住了一个中国人的名字——杨利伟。这位中国人民解放军航天员大队的首飞航天员，以自己历经磨炼征服太空的壮举和英姿，赢得了每一位中国人的尊敬，同时也让全世界为之瞩目。进入太空后的杨利伟，郑重地在飞行手册上写下了这样一句话："为了人类的和平与进步，中国人来到太空了！"这是中国的航天英雄杨利伟对中国人民追求人类的永续和平向世界的庄严宣示！

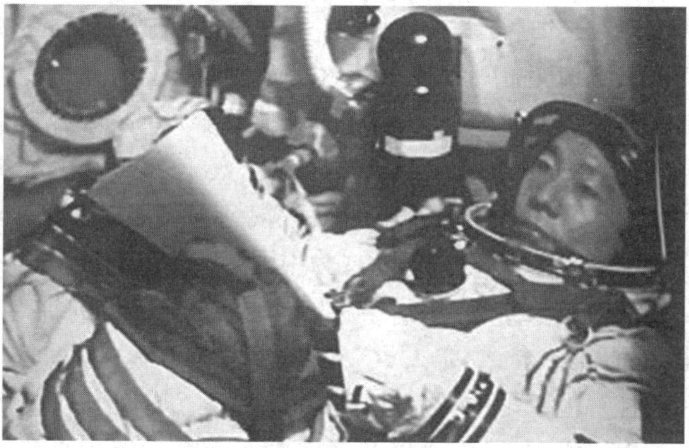

杨利伟在太空舱里

① 根据《人民日报》(2003年11月11日)同名报道编写。

杨利伟，1965年出生，辽宁省绥中县人。绥中靠近渤海湾，大海养育了杨利伟，同时也塑造了他刚毅质朴、沉静温雅的性格。1983年，杨利伟考入中国人民解放军空军第八飞行学院，经过四年的刻苦学习和训练，他成了空军一名优秀的歼击机飞行员。

但在蓝天上的飞行，并不是我们想象般的轻松惬意，有时会遇到难以预料的风险，临危处置，需要飞行员具有娴熟的飞行技术和超高的综合素质。那是1992年的夏天，杨利伟所在部队来到新疆某机场执行训练任务。那天，他驾驶着战鹰在吐鲁番艾丁湖上空做超低空飞行。突然，飞机发出一声巨响，霎时间仪表显示汽缸温度骤然升高，发动机转速急剧下降！杨利伟明白，自己碰上了严重的“空中停车”故障，飞机的一个发动机不工作了！紧急关头，杨利伟异常冷静。他一边向地面报告，一边按平时训练的要领做出一系列动作，进行妥善处置。他心里只有一个念头：一定要把飞机开回去！他稳稳地握住操纵杆，慢慢地收油门，驾驶着只剩一个发动机正常运转的战机一点点往上爬升、爬升。500米，1000米，1500米，飞机越过天山山脉，向着机场飞去，稳稳降落在跑道上……

一分收获，九分汗水。1996年的初夏，杨利伟接到通知，参加航天员初选体检。他“过五关斩六将”，通过苛刻的测试挑选，临床医学和航天生理功能各项检查的指标都达到优秀。几个月下来，886名初选入围者已所剩无几。杨利伟没有想到，儿时的飞翔蓝天的梦想，如今有了飞向更加遥远太空的可能。杨利伟为这个梦想而激动，他说：“航天员是个非常神圣的职业，特别希望能走进这支队伍。”终于，1998年1月，他梦想成真，成为中国第一代航天员。

在北京航天员训练中心，杨利伟开始了航天员的训练生涯。在这里，他真正体会到“航天员”耀眼光环的背后，是汗水和艰辛，奉献和牺牲。他要学的课程非常多，天文学、天体力学、空气动力学、航天医学、心理学、外语以及载人航天七大系统的有关知识等都要学，涉及30多个学科、十几个门类，比在飞行学院学习要难上几倍、几十倍。杨利伟说：“好多知识学习难度是以前从来没有接触过的，掌握这些知识对我来说非常困难。”功夫不负有心人，基础理论学习结束时，杨利伟的成绩全优。为了攻克英语难关，他经常从航天员公寓往家里打电话，让妻子张玉梅当自己的英语陪练，一遍一遍，反反复复。后来考试时，他居然得了 100 分。

在普通人看来，太空是神奇而美妙的，但是对于要进入太空的航天员来说，太空不仅神奇美妙，而且是残酷的。那里没有重力，没有氧气，没有水，没有人类赖以生存的一切要素。要成为一名合格的航天员，不仅要掌握扎实的基础知识，还必须具备特殊的身体素质，接受严格的特殊训练。为了进入太空，航天员要在密闭狭小的飞船里经历超重、失重相互交替的过程。要克服这些障碍，航天员必须进行航天环境适应、任务模拟、救生与生存等专门训练。其中，练习长跑的耐力训练是最基本的训练。这恰恰是杨利伟体能最薄弱的地方，为了攻克难关，杨利伟抓住各种机会练习长跑，结果导致骨膜炎，上厕所都不敢蹲下来，但他依然坚持不懈，最后，他的长跑成绩同样达到了“优”等。

航天员训练中最为艰苦的训练是对航天环境的适应，这是对人的极限能力的挑战。以“超重耐力”训练为例，在飞船处于弹道轨道返回地球时，人要承受相当于自身重量近 10 倍的压力。通常情况下，这很容易造成呼吸极度困难或呼吸停止，意志丧失、“中心视力丧失”甚至直接影响生命安全，必须通过训练来增强人的超重耐力。而这样的训练，需要在离心机里进行。杨利伟坐进一只 8 米多长铁臂夹着的圆筒，以每小时 100 公里的高速旋转，练习紧张腹肌和鼓腹呼吸等抗负荷动作，而且要随时回答提问，判读信号，保持敏捷的判断反应能力。这是对人的意志的考验。离心机在加速旋转，他前胸后背像压了块几百斤重的巨石一样，心跳加快，呼吸困难。但是，每次训练时，他都以坚强的意志，忍受着常人难以想象的煎熬，从未碰过身边报警停止的按钮。一位对航天员训练要求非常严格的老专家自豪地说：“杨利伟是我最得意的学生。”2003 年 7 月，经载人航天工程航天员选评委员会评定，杨利伟具备了独立执行航天飞行的能力，被授予三级航天员资格。杨利伟离实现心中梦想之路更近了，只有一步之遥！

“神舟五号”飞船发射准备阶段，经专家组无记名投票，杨利伟以其优秀的训练成绩和综合素质，被选入“3人首飞梯队”，并被确定为首席人选。为了那个神圣的时刻，杨利伟又全身心地投入“强化训练”中。“飞船模拟器”成了杨利伟的“家”。飞船模拟器是在地面等比例真实模拟飞船内环境、对航天员进行航天飞行程序及操作训练的专业技术训练场所。飞船从发射升空到进入轨道，再调姿返回地球，持续几十个小时甚至上百个小时，飞行程序指令有上千条，操作动作有100多个。舱内的仪表盘红蓝指示灯密密麻麻，各种线路纵横交错，各种设施星罗棋布。要熟悉和掌握它们，并能进行各种操作和故障排除，只有靠反复演练。于是，杨利伟把能找到的舱内设备图和电门图都找来，贴在宿舍墙上，随时默记。他还用小型摄像机把座舱内部设备和结构拍录下来，输入电脑，刻制了一个光盘，业余时间有空就放来看。

他自信地告诉记者：“现在我一闭上眼睛，座舱里所有仪表、电门的位置都清清楚楚；随便说出舱里的一个设备名称，我马上可以想到它的颜色、位置、作用；操作时要求看的操作手册，我都能背诵下来，如果遇到特殊情况，我不看手册，也完全能处理好。”后来，在5次正常飞行程序考试中，他取得了2个99分、3个100分的好成绩，专业技术综合考评排名第一。

正因为杨利伟对飞船飞行程序和操作程序烂熟于胸，在21小时23分钟的飞天之旅中，他的全部操作没有出现一次失误。飞船总设计师高度评价杨利伟的太空飞行：“不是一般成功，而是非常成功；不是一般完美，而是特别完美。”

国外媒体和航天员同行也一致认为：这是一次完美的飞行。

英雄从太空凯旋。2003年11月7日，在庄严的人民大会堂，中共中央、国务院、中央军委授予杨利伟“航天英雄”荣誉称号，这是祖国对英雄的最高褒奖。

雕刻火药的人[①]

他是雕刻家，但雕刻的不是图章，而是火药。他是匠人，但不是普通的匠人，而是为国铸剑的军工匠人。如果不是中央电视台等媒体的连续报道，我们可能永远不知道还有这样一种神奇的职业：雕刻火药，为飞船和导弹上的药柱燃面火药整形。徐立平，就是这一事关国家安危职业的领军人物，被誉为“雕刻火药为国铸剑的大国工匠”。

2015 年，中国的“九三大阅兵”吸引了全世界的目光。新一代预警机、舰载机、战略核导弹等一批国产武器装备精彩亮相，震撼人心。它们不仅是捍卫国家安全和民族尊严的利器，更是中国工业制造实力的象征。而在这些国之重器的背后，是一群像徐立平一样，以超人的胆量、甘于寂寞的奉献精神，坚守在偏僻的军工厂，雕刻固体燃料，为火药整形，默默无闻的军工匠人。其中，一部分导弹发动机火药，还是徐立平亲手雕刻的。

“大国工匠”徐立平

固体燃料发动机是战略战术导弹装备的心脏，也是发射载人飞船火箭的关键部件，它的制造有上千道工序，要求最高的工序之

① 根据中央电视台记者采写的报道《雕刻火药为国铸剑的军工匠人——徐立平》等编写。

一就是发动机固体燃料的微整形。这是一项极其危险的工作，稍有不慎蹭出火花，就会引起燃烧，甚至爆炸。0.5毫米，是固体发动机药面精度的最大误差，而徐立平雕刻的精度误差不超过0.2毫米，还没有两张A4纸厚，堪称完美。

作为中国航天科技集团公司第四研究院7416厂高级技师，徐立平天天与火药打交道，面对火药整形这一世界难题，一次次“亮剑”，经过近30年的锻造，他将一件件大国利器送入太空，也让自己从一介普通职工成长为大国工匠。

徐立平的家庭是一个航天之家，全家11人除了3个还在上学的孩子外，都是航天人。1987年徐立平参加工作时，听从母亲的建议，选择了母亲曾经工作过的发动机药面整形车间，为导弹固体燃料发动机的火药进行微整形。徐立平的母亲温荣书，是中国航天固体火箭发动机生产基地整形车间最早的员工，20世纪60年代，响应国家三线建设的号召，和同事们一起，先后在四川、内蒙古几地辗转，最终来到了秦岭大山深处。“国家才是第一位的，没有国何有家?”这是她对孩子们常说的一句话。

虽然心里做足了准备，但进厂第一课，徐立平还是吃了一惊。师傅带着他去看了一个点火试验，现场的那种轰鸣声、轰鸣的那种火苗、腾起的那种蘑菇云，看得他惊心动魄，事后，徐立平说：“当时确实把我看呆了，确实看呆了，因为我真的没有想到它会这么危险。”这堂课给徐立平留下了一辈子的记忆，从那时起，他就暗暗告诉自己，要规避危险，唯有胆大心细，练好手中这把刀。他一刀一刀地勤学苦练，用坏的刀有30多把，徐立平的手终于有了感觉。药面的平整度越来越高。

工作后第二年，我国某重点型号发动机出现问题，必须剥开填筑好的火药，工作难度和危险度非常大。徐立平凭着精湛的技艺和超人的胆量加入突击队，这是该厂有史以来头一次钻到火药堆里去挖药。在装满火药、仅留一名操作人员半躺半跪的发动机壳体里，徐立平用木铲、铜铲非常小心地一点点挖药，每次只能挖四五克，高度紧张和缺氧使人每次最多只能工作十几分钟。“在里面除了铲药的沙沙声，都能听到自己的心跳声。”最终，经过两个多月高度紧张的工作，徐立平和同事们挖出了300多千克药，成功排除了发动机故障。像这样危险的任务，徐立平已不记得完成多少次了。

7416厂远离西安市区，安静却也偏僻。最冷和最热的时候，厂房里都难熬。工作的时候必须敞开“生命通道”的大门，夏天还能靠电扇，但对毒力极强的蚊子毫无办法，“闻了火药的蚊子战斗力更强”。冬天更是没办法，长时间一个姿势会让冻僵的双手麻木，只能放在暖气上烤烤再重新拿起刀具。更多的时候，工作时每个车间的人数最多两个人，戴上护具开始工作后，徐立平说感觉世界和时间都停止了，只听见挖药的沙沙声和自己的心跳声。

可徐立平严格要求自己，苦练技术，兢兢业业，精益求精。由于火药有很强的韧性，再加上含有粗糙的颗粒，用刀的力道很难把握。经过长期的实践和悉心揣摩，徐立平练就了一手绝活。“下刀的力道，完全要自己判断，药面精度是否合格直接决定导弹的精准射程。工作要求0.5毫米或0.2毫米，我们这一刀铲下去，铲不到要求的厚度的话，就可能造成产品报废。”徐立平说，要做到心手合一并不容易，只能通过用心苦练。如今，徐立平已经练就了仅用手摸一下就能雕刻出符合设计要求药面的绝活。工作中，徐立平还不断琢磨，大胆创新，针对不同的发动机药面，他先后设计发明了20多种药面整形刀具，有两种获得国家专利，一种还被单位以他的名字命名为“立平刀”。

工作近30年，徐立平一直坚持在一线，与最危险的火药为伴。他说工作虽然危险，但总得有人去干。每一次看到神舟飞船上天、嫦娥探月卫星上天，高技术武器走过天安门广场，他心中就充满自豪感。

2016年春节过后，徐立平获得中央电视台《感动中国》2015年度人物荣誉，颁奖词这样赞扬他：“每一次落刀，都能听到自己的心跳。你在火药上微雕，不能有毫发之差。这是千钧所系的一发，战略导弹，载人航天，每一件大国利器，都离不开你。你是一介工匠，你是大国工匠。”

创造奇迹的中国“深潜人”①

自古以来，人类就对蔚蓝色的海洋充满了憧憬，渴望有一天潜到神秘海底一探究竟。在21世纪初，走向深海的中国人，把一代伟人毛泽东“可上九天揽月，可下五洋捉鳖”的梦想变成了现实。

2012年6月24日，我国自行研制的深海载人潜水器“蛟龙”号，在太平洋马里亚纳海沟附近海域成功下潜到7020米深度，创造了世界作业类载人潜水器的最大下潜深度纪录，其工作范围可以覆盖全部海洋区域的99.8%。中国一跃成为继美国、法国、俄罗斯、日本之后世界上第五个掌握大深度载人深潜技术的国家！几天以后，中国中央电视台《新闻联播》向全世界播发了这一消息。

马里亚纳海沟，位于北纬11°20′东经142°11.5′的马里亚纳群岛附近的太平洋底，处于亚洲大陆和澳洲大陆之间，全长2550千米，弧形，平均宽70千米，大部分水深在8000米以上，最大水深为11034米，是地球的最深点。这条海沟的形成据估计已有6000万年，是太平洋西部洋底一系列海沟的一部分。如果把世界最高的山峰——珠穆朗玛峰放到马里亚纳海沟的沟底，峰顶将被淹没在水中。许多登山家成功地征服了珠穆朗玛峰，但探测深海的奥秘却是极其困难的。

深海大洋与陆地一样，蕴藏着无尽的矿产资源，为了获得这些资源，许多国家投入巨大的人力、物力和财力，开展水下潜水器技术的开发和研究。而中国的深潜事业，后来居上，几代“深潜人”为

① 根据李明春、吉国著《中国深蓝梦：中国载人潜水器发展纪实》编写。

之呕心沥血，殚精竭虑，奋斗不止。

就像遨游太空需要宇宙飞船一样，深潜大洋必须有高科技支撑的潜水器。自2000年起，我国开始实施7000米载人潜水器研制项目，该项目是国家“863”计划重大专项，许多部门通力配合，项目共集中了国内50多家科研机构的优势队伍联合攻关，研制过程充满曲折和艰辛。为了冲破了国外重重技术封锁，有关单位和参研人员发挥“团结协作、严谨求实、知难而上、拼搏奉献、和谐共进”的深潜精神，实现了自主设计、集成创新。通过7000米载人潜水器的实施，我国在海洋高技术领域里获得了很大的跨越，它为我国成为一个海洋高技术强国奠定了基础。

接下来的工作是潜航员培训工作。该项工作于2003年正式启动，由国家海洋局负责，中国大洋协会具体组织实施。付文韬和唐嘉陵，这两位年轻的大学生，就像航天英雄杨利伟一样，成为中国深潜事业中最先“吃螃蟹”的人！且让我们重点介绍一下唐嘉陵的故事。

唐嘉陵，四川省遂宁市人，1984年4月20日出生，父亲是一名纺织厂技工，母亲是一名百货公司售货员。由于父母的兄弟姐妹众多，唐嘉陵虽然是独生子，却成长在一个大家庭里，从小养成了做榜样、负责任和沉着稳重的习惯，而且有着和别人不太一样的兴趣：他喜欢拆装各种东西，热衷于车模、船模和各种仿真玩具。也许是这种兴趣的缘故，他从小就对各种设备、仪器有很高的熟知度和很强的快速理解操作及维护的能力。他曾说：“作为男孩子，童年天真充满想象的时代也让自己一度为漫画和武侠小说着迷。”2003年，高中毕业的唐嘉陵顺利考取了他自己理想中的大学——哈尔滨工程大学。该大学的校风及半军事化管理让他养成了良好的生活习惯和独立自主的能力。这时他的兴趣得到了发挥，对计算机技术、自动控制、通讯技术的爱好让他在电子信息专业中如鱼得水。

(左起)付文韬、唐嘉陵在7062米的海底潜水器中展示国旗

谈起为何选择潜航员这个职业时,唐嘉陵说,这与他孩时的梦想有很大的关系,成为科学家或军人一直是他的理想。2006年9月,当他还是哈尔滨工程大学的在读学生时,得知国家将面向全社会选拔潜航员,他认为这个职业既有像军人一样的军事化管理,又能满足他成为科学家发现大洋深处奥秘的心愿,于是他毫不犹豫地报名参加选拔。他说当时报名的有好多人,经过层层严格选拔,他幸运地成为中国首批潜航学员之一。可是,他刚刚通过选拔不久,还处于即将成为潜航员的兴奋中,一个严酷的问题就出现了,那就是体能训练。因为,潜航员职业对体能、心理、技能操作的要求极高,尤其是体能。刚进入深潜团队时,3000米长跑就像一堵墙一样挡在他面前,规定用时12分钟,他总是超时。之后他坚持每天早起锻炼,跑步时枯燥,他就一边听歌一边。他有时还边跑边唱,这样不仅锻炼了肺活量,提升了成绩,唱歌的水平也有不小进步。

2009年,唐嘉陵初次执行1000米海试任务,这是他第一次参加海试，他很兴奋。但是，作为见习潜航员，在总共20次深潜试验中他仅仅下潜7次，最大深度仅有43米，这让他心里很纠结、很复杂。经过一段时间的自我调整，他决心下次出海执行深潜任务时一定要有所突破。在半年后的3000米海试中，他顺利驾驶潜水器下潜至3759米。接着，唐嘉陵作为“蛟龙”号潜航员，独立驾驶潜水器创最大下潜深度5188米、最长水下工作时间9小时14分钟、海底最长行驶距离累计3公里三项纪录，这标志着中国具备了到达全球70%以上海洋深处进行作业的能力。唐嘉陵表示，据他所知，全球至今深潜至万米深海的人只有两位，他希望有机会能成为世界“第三人”。在此后的日子，唐嘉陵作为中国冲击7000米深潜事业的参加者，一步一个脚印，与战友们一起攻克了无数难关。

如果说，像唐嘉陵这样的年轻潜航员是中国潜航事业的未来之星，那么挺起中国潜航事业脊梁的，就是一大批毕生为之奋斗的潜航科学家。2009年，参加载人潜水器1000米海试的科研人员分别来自几个不同的单位。在海试队伍中有5位年龄超过60岁的科学家，他们分别是74岁的徐芑南研究员，68岁的方之芬教授，68岁的许广清研究员，62岁的张桂宝研究员，61岁的华怡益研究员。多年来，他们为我国载人潜水器的研制付出了大量心血，在海试前他们又不顾年高体弱，找领导主动请战。在这些老科学家中，有一对情深义重的深潜伉俪，这就是徐芑南、方之芬夫妇。

徐芑南

徐芑南研究员是一位知识渊博的学者，我国深潜高技术领域的开拓者和著名专家，担任过多型载人和无人潜水器的总设计师，为我国潜水器的发展做出了大量开创性的贡献；方之芬老师不仅是徐芑南生活中的伴侣，还是徐老深潜事业上最好的帮手，他们一起见证了我国深潜事业发展的曲折历程。

7000米载人潜水器立项时徐芑南已65岁了，他怀着对祖国的热爱和对我国海洋事业发展的追求，毅然担起了7000米载人潜水器总设计师的重担。他组织和带领50多家科研院所精英组成的科研攻关队伍，历经6年，完成了潜水器技术攻关、设计、总装建造和水池试验，培养了一大批年轻的技术骨干，同时为海试进行了精心策划，编制了海试大纲。

2009年，徐芑南已是74岁的高龄，国家海洋局下达海试任务时，许多人都认为徐芑南不会上船了。然而，凭着对深潜事业的热爱，为能够亲眼看到多年的梦想成为现实，徐芑南夫妇俩联袂上船，参加海试。尽管他们年事已高，但在船上到处都有他们的身影。徐芑南常常与年轻技术人员一起深入分析和探讨潜水器的技术细节，对潜水器试验的每一个步骤进行反复推敲，不放过任何一个可能的隐患。方之芬老师克服晕船和生活不便，默默地陪伴着徐芑南，记录试验日志，管理文件等。夫妇俩还常常关心年轻人的工作和生活，看望晕船的同志，找年轻同志谈心，交流工作和生活的心得。望着老两口忙碌的身影，参试人员不禁感慨万分，羡慕不已。他们说："潜水器潜得再深，也比不上徐芑南方之芬伉俪情深。"

"蛟龙"出海，走向深蓝，这是书写中华儿女豪情壮志的伟大事业，是集体智慧的结晶，我们要记住的人还有很多、很多……

"蛟龙"出海

滔天洪水中的“定海神针”

巨浪翻江，洪水滔滔。1998 年夏秋，由于连续普降大到暴雨，我国长江干流及鄱阳湖、洞庭湖水系，华南珠江、闽江和东北嫩江、松花江等江河相继发生了有史以来全流域的特大洪水。受灾面积之广、程度之严重，历史罕见。中华民族经历着一次严峻的考验！

露天宿营的抗洪官兵

中共中央、国务院及时做出“严防死守，确保大堤安全，确保重要城市安全，确保人民生命安全”的指示，命令解放军全力支持抗洪抢险。近 30 万名解放军和武警官兵火速赶往灾区，以“首战用我，用我必胜”的勇气，冲锋在前，与灾区人民一起，日夜同洪水展开殊死搏斗，为战胜洪灾发挥了最关键的“定海神针”作用，涌现了许许多多催人泪下的感人的故事……

7月24日晚上，暴雨倾盆，狂风呼啸。凶猛的洪水突然冲溃了湖南省安乡县的一处垸堤，仿佛要把一切吞没。“小天才幼儿园”就位于溃口的地方，周运兰老师领着30多个孩子迅速撤到了楼上。危急时刻，长沙警备区的冲锋舟劈波斩浪开了过来，解放军将孩子一船一船救上岸。洪水越来越急，形成一个个巨大的漩涡，前来营救的冲锋舟被浊浪掀翻，最后只留下周运兰老师。可楼房倒了，周老师被急流冲走，她抓住机会，擎住了另一幢楼房。此时的周老师孤身一人，只听见洪水发出猛兽般的咆哮，只看到附近房屋在一栋一栋地坍塌。

周老师被困的消息揪着人们的心。湖南省委和省军区的领导下达命令：“决不容许在洪水中留下一个人！”空军派来了直升机。可是，风大雨急，建筑物摇摇欲坠，直升机不能接近。施救方案一个一个失效。26日晚，已经两天两夜没吃没喝的周运兰似乎陷入了绝境。这时，解放军某舟桥团接受了任务：“营救周老师，只许成功，不许失败。”团首长亲临现场查看，研究营救方案，担任现场指挥。7月27日，营救行动开始了。舟桥团几名水性好的共产党员组成了“敢死队”，经过两个小时的生死搏斗，终于攀上了周运兰老师所在的楼房。敢死队队长李长志毫不犹豫地将救生衣脱下替周老师穿上。带着体温的救生衣温暖着周老师。水急浪高，处处是漩涡，怎么回去？敢死队队员们按照预定的方案，通过分段漂流，用缆绳连接建筑物的办法，背着周老师，再经过两个小时与洪水惊心动魄的较量，终于回到了安全地带。没吃没喝，等待三天三夜的周运兰哭了，敢死队队员们也哭了。这是战胜“死神”而喜悦的泪水，这是营救成功而欢乐的泪水。

然而，为解救湖北省嘉鱼县被洪水围困的群众，19名解放军官兵献出了年轻的宝贵生命。那是8月1日20时30分，嘉鱼县合镇垸溃决。该垸为长江大堤之间的洲滩民垸，溃决后，湖北省防汛指挥部紧急调动2000名解放军、武警官兵和公安干警，动用150多艘冲锋舟、橡皮船，全力抢救，并空投1万件救生衣，使群众安然脱险。

九江危急！京九铁路危急！这是一场更加紧迫的战斗！8 月 7 日 13 时 50 分，长江干线上的九江大堤决口，京九铁路交通枢纽、江西省第二大城市九江市面临灭顶之灾，几百万人民群众的生命财产安全受到严重威胁。千钧一发之际，24000 多名解放军、武警官兵遵照中央军委的指示，迅速赶赴九江，以“万众一心、众志成城，不怕困难、顽强拼搏，坚韧不拔、敢于胜利”的伟大抗洪精神，舍生忘死，浴血奋战，终于在 12 日 18 时将决口堵住，创造了在世界第三大河流上、在超历史高洪水位情况下堵口成功的人间奇迹。

南京军区副司令员董万瑞中将在险情发生的第一时间接到上级指示，带领一个精干的指挥小组，从南京乘坐军区值班飞机，迅即飞赴九江。董万瑞将军坐镇指挥五天五夜，被太阳晒得黑如木炭，脸上脱下了一层皮。可谁知道，董万瑞将军的儿子，某部大名鼎鼎的“红色尖刀连”的排长董三榕少尉，此时也正奋战在封堵九江决口的最前线。由于连续作战，董三榕变得又黑又瘦，被战士们称为“酋长”，公认是全排最黑的人。

封堵九江缺口，每一个官兵都是英雄。酷暑中、烈日下，他们运送堵口沙包，疾步如飞，许多战士累得当场晕倒；滚滚洪流中，他们冒着生命危险，用身体垒做人墙，抵挡激流。似乎只有战争年代才有的动人场面，在九江大堤的堵口战场再一次出现了。抗洪军民们众志成城，形成了一个英雄群体。他们中的先进分子，有的累倒，有的累死，有的舍生忘死、舍己救人，有的哥哥倒下弟弟上去、儿子倒下父亲上去。一位名叫嵇琪的硬骨头六连战士，10 次晕倒在九江抗洪大堤上，这位英雄战士自己都不知道，他已是一名脑癌患者。后来，他被授予二级英模、抗洪英雄、新时期硬骨头战士。时任九江市市长感慨地说：“虽然九江市委、市政府做了应对决堤的预案，但面对突如其来的巨大危险，很多人还是一时慌了手脚，不知如何是好。如果不是军队现场堵口，九江决口是封堵不住的。”为感谢子弟兵，九江市民送来了许多慰问品，可战士们一一婉言谢绝。据查,历史上长江决口 50 多次,却没有一次封堵成功,1998 年九江堵口是唯一成功的例外。奇迹,当之无愧的奇迹!

解放军用血肉之躯封堵决口

人民子弟兵力挽狂澜,洪水终于退去。灾区人民转危为安,开始重建家园。一场百年不遇的特大洪灾没有造成大难,没有造成灾民饥饿和疫病流行,也没有造成社会的慌乱和不安。这是中国人民创造的又一个举世瞩目的伟大业绩。人民军队为人民,子弟兵为战胜洪灾发挥的巨大作用,将彪炳史册,光耀千秋。

泥巴裹满裤腿,
汗水湿透衣背。
我不知道你是谁,
我却知道你为了谁。
为了谁,为了秋的收获,
为了春回大雁归。

满腔热血唱出青春无悔，
望穿天涯不知战友何时回？
你是谁，为了谁，
我的战友你何时回？
你是谁，为了谁，
我的兄弟姐妹不流泪！
谁最美，谁最累，
我的乡亲，我的战友，我的兄弟姐妹。

这首《为了谁》深情讴歌了人民子弟兵在这场伟大抗洪斗争中不怕苦、不怕累、不怕牺牲的伟大精神，自 1998 年诞生以来，唱遍了大江南北，感动了无数华夏儿女，成了传唱不衰的红色经典。每当人们唱起它，那感人肺腑的旋律和蕴含其中的深厚大爱，就会带着你穿越时空，仿佛回到令人难忘的 1998 年的夏秋季节，眼前会闪过无数军人用自己的躯体搏击滔天洪水的这样一幅幅气吞山河的画面！

千军万马向汶川①

2008年5月12日14时28分，注定成为中国人民刻骨铭心的一刻。这一刻，四川省汶川县发生了新中国成立以来破坏力最大的里氏8.0级特大地震。强烈的地震波，影响到大半个中国，北京、宁夏、云南、上海、辽宁等十几个省区市均有震感，共造成数十万人伤亡。

山崩地裂中，一座座历史悠久、风光秀美的城镇与村庄化成废墟，交通、通讯、水电全部中断，与外界失去联系。消息传出，举国震惊。党中央、国务院、中央军委在大地震发生14分钟后即迅速作出指示，号召全国抗震救灾，不惜一切代价抢救人民生命！十几万解放军和武警官兵，从大江南北的一座座军营、内地边疆的一处处练兵场火速集结。空中，穿破云雨雷电；陆上，踏着颤抖的大地，向灾区开进。消防救援队、医疗医护组、纷纷奔向灾区前线。一场众志成城、轰轰烈烈的生死大救援就此展开。一片片废墟间，人民子弟兵冒着高强度的余震的危险，舍生忘死、冲锋在前、不怕疲劳、连续作战，成为抗震救灾的突击队和主力军。

解放军抢救地震中受伤的儿童

① 根据大型纪实性电视剧《震撼世界的七日》改写。

有“千岁军”之称的空15军空降兵部队最早派出15人组成的突击队，前往灾区，由于工作危险重重，突击队员们出发前暗暗写下遗书。一位队员给他恋爱中的女友手机发出了这样一条短信：“我去灾区了，别为我担心，看到那么多人被灾情折磨着，作为军人我义不容辞，虽然我可以不去。我没有告诉家里任何人，只告诉你。那里情况不容乐观，抢险救灾有一定危险。记住，如果我留在那里了，别哭，你失去的是一个亲人，那里很多人失去的不止一个亲人，那里建好了去那里看看，别问我留在什么地方。”

就在5月12日中午，彭州市公安局民警蒋敏还和她远在北川县、朝思暮想的两岁女儿打了一次电话。可两个小时后，蒋敏一家有10口人遇难，中午12时还在电话里亲切地喊着妈妈的女儿，从此再也看不到了。擦着永远也擦不完的眼泪，蒋敏转身投入彭州抗震救灾的第一线。武警成都支队二大队副大队长张秋红率队解救都江堰一片废墟中的幸存者，而他的父亲和嫂子就埋在这片废墟中，他亲手刨出老父和嫂子的遗体，来不及哭泣，噙泪坚持指挥救援。在一座教学楼的废墟上，为防止发生再次坍塌，指挥员命令抢险人员马上撤出时，一个刚从废墟中救出一个孩子的战士跪下哭道：“让我再去救一个！我还能再救一个！”

2008年19日上午9时28分，上海第二军医大学设在绵阳安县的抗震救灾医疗救护中心进行了一次紧急手术，医生们抢救的是一位年仅18岁的解放军小战士。他叫严情勇，成都军区某装甲部队士兵，带病在山区背送病员三天三夜后晕倒……主刀的两位主任大吃一惊，就差一点点，这个年轻战士的生命就不保了。

几天来，严情勇——这个满脸稚气的年轻士兵随部队连续入山抢救灾民。在四川安县的高川镇，由于出山道路毁坏，灾民无法出来，指挥部立即调配严情勇所在部队赶赴现场，并下死命令，要求尽力营救灾民。严情勇和战友们15早晨抵达抢险地点高川镇，只见坍方的泥石流从高川镇所在的山脚下延伸到村民聚居的山顶处，单程需要七八个小时。战士们采用接力的办法，向山里运送救灾物资。严情勇负责的一段山路，背着食品爬上山需要两个半小时，背着伤员下山需要3个小时，他一度连续往返20余趟，中间没有休息过。16日，他突然觉得腹痛，由于救灾任务重，他也没当回事，继续和战友们一起扛着包行进救援。第二天当他背着50公斤粮食进山时，阵痛加剧，像是有什么东西卡住了肠子，异常难受，可他没有吭声，只是把腰带紧了紧，死死扎住痛处。第三天，他背着一名老奶奶蹒跚着向山外行进，突然身子一歪，但他仍拼命用手撑住地面，将老奶奶轻轻放下，捂着肚子晕了过去。

看到严情勇倒下，战友们立即围了过来，灾民拿出战士们背进山里的水，轻轻洒在他的头上，队长立即决定将其转到灾区医院。救护车疾驶，他被送进安县上海第二军医大学长征医院的急救帐篷，普外科主任陈学运教授、江道政教授紧急为他会诊，肠穿孔必须立即手术，否则肠坏死危及生命。两位教授亲自主刀。一个小时后，小严的肠复位了。江教授说，手术很成功，这种病完全是过度劳累和负重造成的，肠子穿孔的疼痛非常人所能忍受，何况严情勇肠穿孔三天还在来回负重奔波，那是何等痛苦啊！

护士长王静华是一名参加过南疆自卫反击战的老兵，小严被推下手术台后，她带着护士们为他清理全身，更换衣物，看着他十个磨烂的脚趾和背脊上严重的压痕，还有为了止痛用武装带紧紧勒住腰部造成的紫痕，大家都哭了。这才多大的孩子啊！医疗队最小的护士是1985年出生的，可这个战士出生于1990年，这么小的年纪为了救人忍受着常人不能忍受的痛苦。大家为他换上全套干净的衣服，可是他太累，没有被惊醒。

看到记者要采访，王护士长拉着记者去看小严的行军背包。进入灾区时刚发的新背包，这时已看不出它本来的模样了，除尘土外，所有地方都磨了一遍，背包的盖子已被顶破，为了给灾民多送点物资，他每天都拼命往里塞东西。

护理部总长杨亚娟，每隔10分钟都要用湿润的纱布轻轻沾湿小严干涩起泡的嘴唇，用母亲般的目光看着熟睡的小严。她说小严是幸运的，他坚强的意志和军人的使命救了他，肠穿孔这种突发疾病最忌讳的就是在发病时吃东西、喝水，小严的背囊里全是水和食品，可他愣是没有动，全部送进山里给灾民了，发病的这三天，小严几乎没有进食，这也为抢救他提供了良好的条件。杨总长说，小严的事震撼了大家，一线的战士们是那么坚强，值得敬佩。小严一醒来，她就要认这个贵州籍的小战士为干儿子，让他叫自己一声“军医妈妈”，希望自己比小严小三天的女儿向这位英雄的战士学习。

历史做证：汶川大地震发生后，解放军和武警部队先后投入抗震救灾兵力 13.7 万余人，出动军用运输机、直升机飞行近 300 架次，派出医疗队、防疫队 72 支，医务人员 2160 余人，他们从“死神”手里抢夺生命、帮助群众抢种抢收……救灾部队不断创造着一个又一个奇迹。气壮山河的抗震救灾，砥砺了五千年不屈不挠的炎黄子孙的铮铮铁骨，熔铸了中华民族惊天动地的抗震救灾精神，锻造了伟大民族精神与时代精神的不朽丰碑！

解放军官兵向灾区运送救灾物资

救人是第一位的[①]

“当时只想着赶紧救人。”24 岁的海军工程大学潜水员官东，回答记者的提问时，很腼腆地笑了笑，只说了这样一句似乎很平常的话。望着眼前这位面带羞涩的年轻人，采访他的记者几乎不敢相信，他就是冒着生命危险，潜入激流汹涌的江水中，与战友一起从倒扣的船体里先后救出两人的救人英雄。他被无数网友热赞为“潜水男神”。

全国道德模范官东

① 根据《解放军报》有关报道编写。

2015年6月1日深夜，湖北监利长江大马洲水域及其附近几十公里范围内，电闪雷鸣，狂风大作，暴雨滂沱。江岸上碗口粗的树木，整片整片地被狂风拦腰“砍”断。暴雨中心的风力有12～13级，掀起的江浪像小山一样。可就在这时，一艘名为“东方之星”号的客轮载着454名乘员，驶进了大马洲水域的强风暴雨中，遭到罕见的强对流天气引发的地面直线型大风的袭击，顷刻间翻沉。乘客和船员除10人自救上岸外，其余皆下落不明。这是一起特别重大的灾难性事件。消息传出后，亿万国人为之揪心。“救人，救人，赶快救人！”党中央、国务院迅速抽调精兵强将赶赴现场施救，寻找失踪人员。国务院总理李克强亲临现场指挥。

6月2日，海军工程大学接到救援命令，潜水员官东主动请缨，参加救援行动，当日11时20分，即抵达救援现场。根据现场救援人员反馈的信息，官东知道了待救人员的大致方位，第一个下水救人。潜入江水后，官东感到身体一阵阵发凉，心里直打鼓，不知是否还能找到幸存者。按照事先方案，进入翻覆的船体后，官东在第一时间寻找舱门，江底的能见度很低，流速大，只能用手去摸着找舱门。官东告诉记者，从找到第一个舱门到拉开舱门，进入船舱，他一共花了约10分钟时间。船舱内一片漆黑，什么也看不见，官东便用手摸着楼梯，将楼梯上的杂物移开后继续往上走。他从船舱的水中刚探出半个身子，就见到一名老太太紧靠在舱壁，膝盖以下浸泡在水里。她左手握着钢管，右手握个手电筒。老太太看到解放军不顾生命危险潜水进来救她，激动得大哭起来。老太太求生意识非常强，也很勇敢，她非常配合官东，听官东的指挥，10多分钟后，这位名叫朱国梅的65岁老人，被官东和他的战友从水下安全救到了岸上。这是“东方之星”客轮翻沉后第一位被成功救出的生还者。

14时15分，当生命探测仪再次探出生命迹象后，官东由于有了第一次进入翻覆船舱救人的经验，对水下情况熟悉，又主动要求第二次下水。根据检测，这一次要救的被困人员的位置在机舱。

可官东下水后在机舱外围来回找了3圈，却找不到舱门，也不知道人员在哪里，转过第4圈，他才终于找到机舱入口，此时已是15时05分。进入机舱后，官东感到里面充满一股柴油味。他摸索着上了倒过来的机舱二楼，看到一个小伙子盘坐在管道上，两眼发呆，头发、脸上全是油污，嘴巴里吐着废油，也不说话。因为惊吓过度，这个小伙子麻木得没有了丝毫求生的愿望。官东问了他三四句话，他才说了一句“你来了”，然后，无论官东怎样说，他就是不开口、不配合。为了激起小伙子对生命的珍惜和求生的愿望，官东按照水上指挥部的指令，想方设法和小伙子聊天。“兄弟你别急啊，马上来人救你。我们会把你搞出去的。别紧张啊，有我在啊。别紧张，别紧张，别紧张，兄弟。刚才我们还救了一个老太太，你知不知道？老太太都出去了，你怕什么啊，兄弟，别紧张啊，撑住，兄弟。没事没事，兄弟，没事没事。”这是官东在水下救人时地面指挥部录下的。也许是官东心理疏导的作用，也许是“有我在啊，兄弟，别紧张啊”这句话所蕴含的巨大人性力量，触动了这个小伙子麻木的心，他终于“哇”的一声大哭起来。官东一看有戏，就继续和他聊天，并取下自己头上携带的潜水灯给他看。“跟着我，怕啥？你看多亮，这灯，是不是？你今年多大，叫什么名字？”小伙子开口了，他叫陈书涵，21岁，是“东方之星”客轮上的轮机工。地面指挥部得知这些消息后，兴奋地夸奖道：“官东干得漂亮！”

很快，官东的战友带下来便携式救援设备。看到陈书涵不会使用也不想使用这个救援设备，官东不假思索地将自己身上的重型潜水装备取了下来，直接套在他的身上，自己则戴上轻型潜水装具。这是一个把生的希望留给别人，把巨大的危险留给自己的冒险举动。情急之下官东没想那么多，“救人才是第一位的！”官东让其他两名潜水员护送陈书涵上岸，小伙子被顺利救出。官东最后一个出水，因为轻型潜水装具的压缩空气快用完了，官东果断割断信号绳，卸掉潜水压载装备和无气气瓶。由于没了信号，指挥部一时与官东失去了联系。可就在这时，一艘货轮正驶过官东将要潜出的水面，岸上所有人的心都提到了嗓子眼，万分焦急地看着奔涌的江面。水下的官东一看大事不好，快速憋着一口气潜沉到江水深处，绕到头顶上货轮的侧翼，游出水面。大家一看官东终于出水，高兴得欢呼起来！但出水时的官东，双眼红肿，耳朵胀痛，鼻孔出血，实实在在地经历了一场令人心惊的生死考验。

6月3日下午，海军工程大学为官东记一等功。国务院总理李克强接见官东时，表扬他为军队争了光。官东谦虚地说："我只是做了一名潜水员应做的事情，荣誉只属于过去，留下的是不变的本色。今后我将练就更多本领，为国家多做贡献。"官东的事迹感动了无数人，他光荣当选第五届全国道德模范、2015感动中国年度人物等。

英雄不是一天炼成的。官东出生于安徽省宁国市一个与部队有着不解之缘的家庭。他的伯伯和大哥以前都是军人，而且还都是海军。看他们穿海军服的照片，官东自小就觉得他们特别帅气，心想长大后咱也要当一名海军，所以高中一毕业，官东就参军入伍，当了一名海军战士。2008年9月，经过新兵连的刻苦训练，学会游泳的官东通过考核，被分配到海军某部青岛海上防险救生队，成了一名潜水员，曾多次出色完成潜水打捞任务。在战友眼中，官东不仅脾气好，性格温和，而且善于动脑筋，技术过硬，特别是一些新的装备，别人还在熟悉中，他已经玩得透熟了。因为表现突出，2011年官东光荣地加入了中国共产党，从此为人民服务的信念就深深地扎在了官东的心中。

“草鞋书记”杨善洲[1]

杨善洲，杨善洲，老牛拉车不回头，
当官一场手空空，退休又钻山沟沟；
二十多年绿荒山，拼了老命建林场，
创造资产几个亿，分文不取乐悠悠……

这首歌所唱的，就是第三届全国道德模范、云南省保山市原地委书记杨善洲退休后绿化荒山造林的感人事迹，从云南省的大亮山唱到了全国。

大亮山位于云南省施甸县，海拔 2619 米，地处云南与缅甸的交界处，位置很偏僻。杨善洲 1927 年出生在云南省大亮山下的一个小山村。新中国成立后，贫苦出身的杨善洲，在党的培养下，一步步成长为领导干部，先后担任施甸县委书记、保山地委书记多年。在许多人的眼里，县委书记、地委书记都是很大的“官”了，可在群众面前，杨善洲比农民还要像农民。家乡父老亲切称地他为“草鞋书记”。

一天，施甸大街上一个赶马人想钉马掌，无人帮助，难以操作，见一乡下模样的人走来，忙说：“兄弟，帮个忙！”“干啥？”“帮我端马脚钉马掌。”“好！”那人用两手端起马脚，双腿前弓后蹬，用膝盖撑住，赶马人又割又钉，一阵忙活，半个小时。马掌钉好，那人拍拍手上和裤子上的灰走了。一个过路人问赶马人：“你可知道帮你钉马

① 资料来源：《人民日报》有关报道。

掌的是谁?”“不知道。”“施甸县委书记杨善洲。”赶马人张着嘴,半天说不出话。

当了地委书记后,杨善洲也很少待在地委机关,一年里大部分时间都在乡下跑,顶个草帽,穿双草鞋,随身带着锄头、镰刀等各种农具,碰到插秧就插秧,碰到收稻就收稻,哪块地里的草长高了就锄两把。地里看过了,群众访问过了,这才到乡里、县里。

由于种种原因,杨善洲亲眼看着曾经长满大树的大亮山,一点点变秃变荒。他不止一次向身边的人诉说:“都是在我们手上破坏的,一山一山都砍光了,多可惜!我们要还债!要还给下一代人一片森林、一片绿洲!”

1988年3月,杨善洲从保山地委书记任上退休。从不违反规定为家人办事、为家乡办事的杨善洲,做出了一个谁也想不到的决定:“要给家乡办一两件事!”

为此,他婉言谢绝了组织上给予他到省城昆明安家休养的厚意,说服了家人希望他回家团聚的愿望,留下一句响亮的话:“我是一个共产党员,说过的话就要兑现,我要回大亮山种树去!”

3月8日,杨善洲退休的第三天,他卷起铺盖,当晚就赶到离大亮山最近的黄泥沟。第二天,他带领从各方调集的15个人,雇上18匹马,驮着被褥、锅碗瓢盆、砍刀镢头,一鼓作气上了山,做出了第一年种树1万棵的计划。杨善洲,曾经的地委书记,60多岁的老人,就这样开始了在大亮山的植树造林生活。

“好个大亮山,半年雨水半年霜。”在恶劣的气候环境中,如何住下来是第一考验。最初用树枝搭的窝棚,不到半年就被风吹烂了。他们又修建起40间油毛毡棚,冬天冷,夏天闷,碰上下雨,被窝常被淋湿。几年下来,杨善洲患了严重的风湿病和支气管炎,夜深人静,人们常常听到他阵阵咳嗽声从毡棚里传出。1992年,山上建起了砖瓦房,职工们首先想到了杨善洲,可他死活不住,说:“我一个老头子住那么好的房子干什么?”他最后硬是把房子让给了新来的技术员,自己仍住在油毛毡棚里,一住就是9年,直到全部人搬进了砖瓦房。

没有路，他们往山上运树苗和物资都是马驮人扛，杨善洲常常一边赶着马，一边挑副担子，在山里一走就是大半天。

1990年，杨善洲千方百计筹了一笔钱，林场开始修路。有人主张请专业设计部门来做公路规划，他不同意："林场现在没有多少钱，有钱也得用来买树苗啊，我们自己干！"他找来一些仪器，每天背上一袋干粮出去测量，常常天不亮出发，摸黑回来，14公里的山路，不知跑了多少趟，哪里有个窝窝，哪里有块石头，他都一清二楚。最后，全部路修下来，平均每公里花不到1万元钱。

买树苗资金不足，杨善洲就经常提个口袋下山到镇里和县城的大街上去捡别人吃果子后随手扔掉的果核：桃核、梨核、龙眼核、芒果核……有什么捡什么，放在家里用麻袋装好，积少成多后用马驮上山。他说："捡果核不出成本，省一分是一分。"有认识他的人说："你一个地委书记，在大街上捡果核，多不光彩。"他说："我这么弯弯腰，林场就有苗育了。等果子成熟了，我就光彩了！"有一次，杨善洲捡果核时，不小心撞到一个小伙子的自行车，小伙子恼了，张口就是粗话。有人赶忙把他拉一边，告诉他老人是原来的地委书记，正捡果核造林呢。他惊得半天没吭声，转过身说了一句："这样的官？我服了！"如今，杨善洲捡回来的果核，已成为大亮山上郁郁葱葱的果林。

杨善洲还常背个粪箕到村寨路上捡骡马粪、猪粪，给树苗做底肥；到垃圾箱里捡纸杯、碗装方便面的外壳，当营养袋，培育"百日苗"；坐长途车颠簸几百里，从怒江引来红豆杉，从大理引进梨树苗。那年，栽树季节，他牵着马去昌宁买树苗，为了能及时把苗子栽上，他赶着马连夜回返，足足一天。

1999年，杨善洲在山上用砍刀修理树杈时，一脚踩到青苔上滑倒，左腿粉碎性骨折。很多人都想，老书记可以留在山下好好休息了。可半年后，他拄着拐棍，又走进了大亮山。

为植树造林，杨善洲倾注了多少心血与艰辛，大亮山知道，每一棵树知道，每一片绿荫知道……经过 22 年的辛勤耕耘，杨善洲在大亮山上共造出 56000 亩人工林、16000 亩杂木林、700 多亩茶叶、50 亩澳洲坚果、100 亩美国山核桃……昔日荒山重新披上了绿装。可 82 岁的杨善洲再次做出一个惊人的举动，他把大亮山林场的经营管理权无偿移交给国家。他说："这笔财富从一开始就是国家和群众的，我只是代表他们在植树造林。实在干不动了，我只能物归原主。"施甸县政府决定奖励杨善洲 10 万元，他谢绝了："（我）办林场是尽义务，不要报酬。"保山市委市政府决定给予他 20 万元的特别贡献奖。经再三劝说，他接下了，却立马又捐了出去，最终只留下 4 万元，作为一辈子为他含辛茹苦的老伴的养老费。他对老友说："如果我先走了，在这个世界上，我最放心不下的就是她了。"

2010 年 10 月 10 日，"草鞋书记"杨善洲走了，像一个操劳了一生的老农民一样，走了……他的身旁留下一顶草帽，一把砍刀，一支烟斗，身后留下风烛残年的老伴，一个依然在大山里的家，以及很多感人故事……

杨善洲晚年对森林的守望

总书记三上井冈山[①]

井冈山是中国革命的摇篮，中国革命农村包围城市的正确道路，就是毛泽东、朱德等老一辈无产阶级革命家从这里开创的。朱老总 1965 年到井冈山视察时，欣然题词，称赞井冈山是“天下第一山”。1965 年 5 月下旬，毛泽东重上井冈山游览视察，写下脍炙人口的《水调歌头·重上井冈山》：“久有凌云志，重上井冈山。千里来寻故地，旧貌变新颜……”

2016 年 2 月 2 日，中共中央总书记、国家主席、中央军委主席习近平在中央和江西省委有关领导的陪同下，乘车第三次登上井冈山。此前，习近平已于 2006 年、2008 年两次上井冈山，深切缅怀革命先烈、感受伟大的井冈山精神——坚定执着追理想、实事求是闯新路、艰苦奋斗攻难关、依靠群众求胜利。

汽车穿行在八百里井冈的层峦叠嶂间，驶过桐木岭，窗外的红军军号雕塑仿佛向来访的客人吹响了嘹亮的胜利号角。这号角，曾回响在南昌城的上空，回响在井冈山的烽火岁月里，气吞山河，声震寰宇，激扬着中国革命从胜利走向胜利。

恰巧总书记三上井冈山的这天，是农历腊月二十三，俗称“小年”。辛苦一年的农民们从这天开始，将放下手中的活计，欢欢喜喜地筹备过大年了。因此，放眼望去，到处是即将过年的喜庆氛围。习近平冒着纷纷扬扬的小雪来到庄严肃穆的井冈山革命烈士

---

① 资料来源：《习近平江西行纪实：登临井冈山看望山村群众》（2016 年 2 月 4 日《江西日报》）。

陵园，神情凝重地走上 109 级台阶，缓步走进纪念堂吊唁大厅，向革命先烈敬献花篮并三鞠躬。

2016 年春节习近平总书记给井冈山群众拜年

走进革命事迹陈列室和忠魂堂，习近平在开国元勋、牺牲烈士照片墙和烈士英名录前，凝神驻足、认真听取讲解。他对随行的人员说，井冈山是革命的山、战斗的山，也是英雄的山、光荣的山，每次来缅怀革命先烈，思想都受到洗礼，心灵都产生触动。回想过去那段峥嵘岁月，我们要向革命先烈表示崇高的敬意，永远怀念他们、牢记他们，传承好他们的红色基因。

接着，习近平沿着盘山公路，驱车来到茅坪八角楼革命旧址群，先后参观毛泽东同志住室、朱德同志住室和士兵委员会旧址。毛泽东当年在这里写下了《中国的红色政权为什么能够存在》《井冈山的斗争》两篇光辉著作。习近平一边听讲解，一边询问有关细节。听说毛泽东当年住室里的桌、床、凳都是原物，他嘱咐一定要保护好。习近平表示，现场感受当年毛主席、朱总司令领导井冈山斗争的情景，真是深受教育和鼓舞。

在旧址群慎德书屋，习近平看望了六位革命烈士后代和先进人物代表。一进门，习近平一眼就看到了甘祖昌将军的夫人——全国道德模范龚全珍。“老阿姨，您也来了。”他上前握住老人的手，亲切地说，“看到您身体这么好，我很高兴。”围着火红的炭火，习近平和大家坐在一起亲切交谈，了解他们的家庭、生活情况，向他们并通过他们向全国老革命、老红军和各方面先进模范人物表示慰问。习近平说：“中华民族是崇尚英雄、成就英雄、英雄辈出的民族，和平年代同样需要英雄情怀。对一切为党、为国家、为人民做出贡献和牺牲的英雄模范人物，我们都要发扬他们的精神，从他们身上汲取奋发的力量，共同为推进中国特色社会主义伟大事业、实现中华民族伟大复兴的中国梦而顽强奋斗、艰苦奋斗、不懈奋斗。”

习近平总书记接见龚全珍老人

雪后的井冈山，玉树琼枝，分外妖娆。习近平乘车沿着崎岖的山路来到井冈山市茅坪乡神山村看望慰问贫困群众。过小年迎大年，当日的神山村年味已浓。炒栗子、做豆腐、打糍粑……家家户户正喜气洋洋制作着过年的民俗小吃。习近平热情地向乡亲们问好，兴致勃勃地观看制作过程，看到几位村民正在打糍粑，他饶有兴致地参与打了起来。习近平还给贫困户送去年货，给孩子们送去书包，祝家家都把年过好。

贫困户张成德家在山顶，门前一副“永远跟党走　时刻感党恩”的春联喜庆、耀眼。看到习近平走上山来，张成德夫妇激动地迎上前去，连声道：“习总书记这么老远冒雪来看我们，我们真有好福气。”习近平拉着他们的手一起走进家中。他一间一间屋子察看，看他们吃得怎么样，住得是否温暖，电视能看多少个台。在屋子正堂，习近平与张成德夫妇俩坐在一起，算收入支出账，问家里种了什么、养了什么，吃穿住行还有什么困难和需求。女主人彭夏英高兴地回答道：“总书记，家里养了羊和娃娃鱼，昨天还产了两只小羊羔，还种了黄桃，参加了黄桃合作社，加上毛竹等收入，家里生活越来越好。”她由衷地说：“总书记给全国人民当家当得好，老百姓感到很幸福。”习近平回应说：“我们国家是人民当家做主，包括我在内，所有领导干部都是人民勤务员。”在红军烈士后代左秀发家中，习近平对一家人立足本地资源、依靠竹木加工增收脱贫的做法给予肯定，祝他们生产的竹筒畅销。他指出：“扶贫、脱贫的措施和工作一定要精准，要因户施策、因人施策，扶到点上、扶到根上，不能大而化之。”

总书记到村里的消息不胫而走，村民们自发地来到村口，向总书记问好。75 岁的村民彭水生激动地握住习近平总书记的手，质朴地竖起大拇指：“你呀，干得不错！”乡亲们用热烈的掌声和欢呼声道出了自己与老彭一样的感受和心情。习近平与大家握手，向乡亲们拜年。他对乡亲们说：“我们党是全心全意为人民服务的党，将继续大力支持老区发展，让乡亲们日子越过越好。在扶贫的路上，不能落下一个贫困家庭，丢下一个贫困群众。”他衷心祝福神山村群众生活越来越幸福，老人们越来越安心，孩子们好好成长。总书记真挚热情的话语，温暖着每个人的心。

结 语

几乎是夜以继日地工作，终于按时编写出本书中的 37 个故事，完成了安徽教育出版社邀约的任务。衷心感谢安徽教育出版社以及本系列丛书主编朱贵平先生的信任，给了我编写一部反映红军长征精神 80 多年来代代相传的普通读物的机会，这是一件极有意义的事。

接受这样的工作，对我也是一次挑战。时间紧、任务重，能否按时完成，我的心中开始没有底，但在收集资料和编写书稿的过程中，我一次次被故事里的人和事深深地感动着，震撼着。因此，编写故事的过程，反转来使我自己的心灵不断地受到一种伟大精神的洗礼，这种伟大精神就是长征精神及其在不同时期所体现出来的时代精神。自近代以来，今天的中国，比任何一个时期都更加接近中华民族伟大复兴的目标。伟大的长征精神，是中国人民实现中国梦的力量之源。

习近平总书记指出："历史是最好的教科书。这门功课不仅必修，而且必须修好。""一个民族、一个国家，必须知道自己是谁，是从哪里来的，要到哪里去，想明白了，想对了，就要坚定不移朝着目标前进。"愿朋友们在读完这些关于长征精神的故事后，对我们国家、对中国共产党会有更加深入透彻的了解，使红色基因融入我们的血液，成为激励我们奋发前进的不竭动力。